KNAUR

MÄNNER UND FRAUEN

GRAFIKEN ERKLÄREN DIE UNTERSCHIEDE

KNAUR✱

INHALTSVERZEICHNIS

VORWORT

Aus einer Laune heraus suchten wir vor vier Jahren nach Frauen in DAX-Vorständen und fanden nur eine einzige. Und als wir vor zwei Jahren den neuen Playmobil-Katalog in die Hand bekamen, fiel uns auf, welche Frauen und Männer da auftauchten: Mamis mit Babyschalen, Männer als Drachenkämpfer. So entstand die Idee, ein ganzes Buch zu machen mit Männer- und Frauenthemen. Wir wollten Themen finden, die nicht jeden Tag in den Tageszeitungen diskutiert werden.

Wie verhält es sich zum Beispiel mit den Nachnamen, wenn Paare heiraten: Wie oft behält der Mann seinen und wie oft die Frau ihren Namen? Es gibt keine landesweite Statistik, nur jedes Standesamt weiß für sich Bescheid. Also haben wir in den Städten nachgefragt. Und um herauszufinden, welche Stimmen in den U-Bahnen der Welt die Stationen ansagen – weibliche oder männliche –, haben wir ungezählte E-Mails ver-schickt und irgendwann gemerkt, dass die Mitarbeiter in den deutschen Konsulaten sehr auskunftsfreudig sind. Einer ist sogar abends noch mal in die U-Bahn gestiegen, um die Sache zu überprüfen.

Ein ganzes Jahr lang haben wir nach Männer- und Frauenthemen gesucht. Wir ließen uns leiten von dem, was wir selber spannend finden. Das Ergebnis sind 72 Grafiken, die keinesfalls repräsentativ sind für alles, was Männer und Frauen verbindet oder unterscheidet.

Kann man ein Buch über Frauen und Männer machen ohne Frauen? Natürlich nicht. Nina Bengtson, Friederike Milbradt, Lisa Strunz und Birgit Vogel haben sehr viele Ideen beigesteuert und uns die blödesten ausgeredet.

Matthias Stolz und Ole Häntzschel

August 2013

BERUFE

Vom extremen Frauenberuf **bis zum extremen** Männerberuf

Anteil der Frauen und Männer, die in Deutschland im jeweiligen Beruf arbeiten, in Prozent

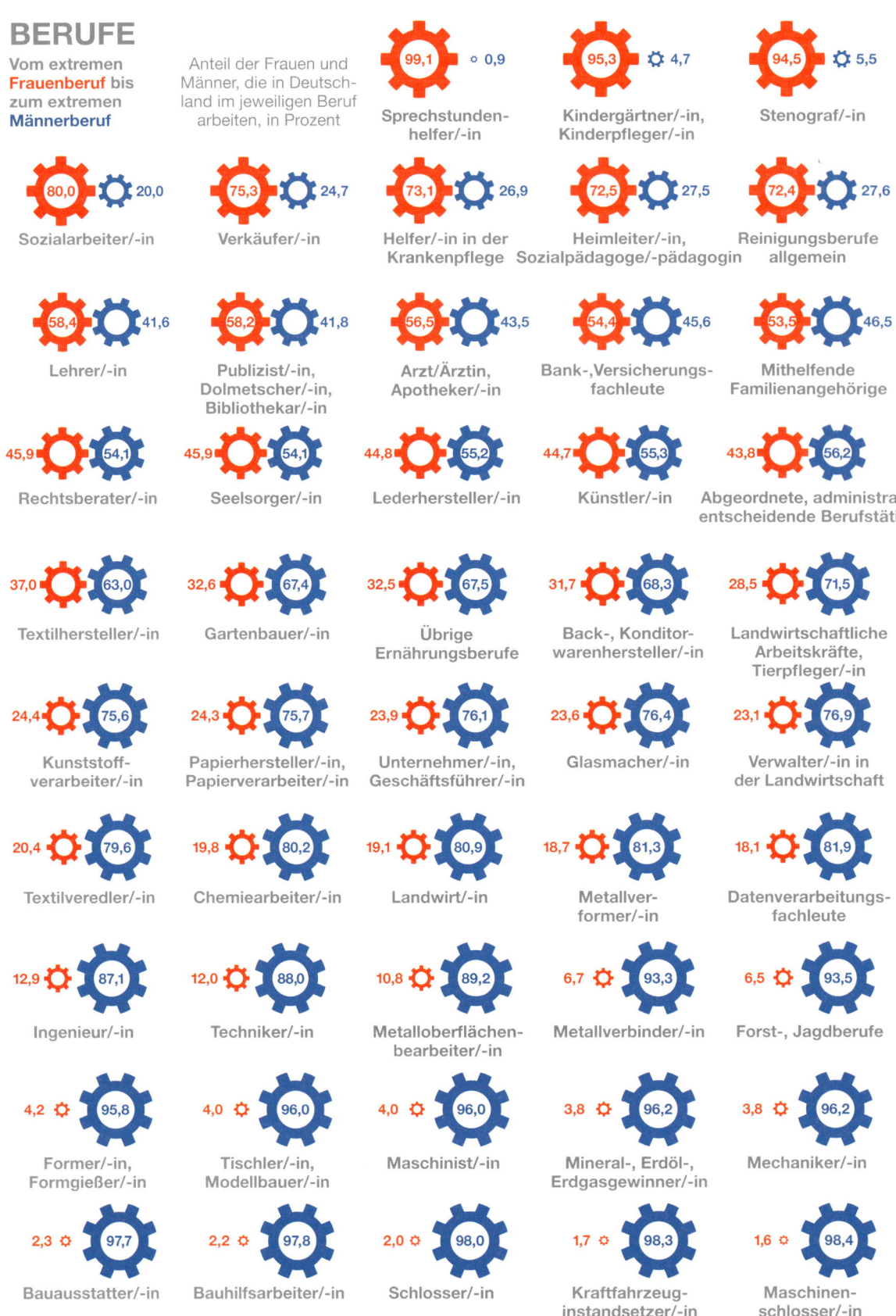

99,1 ⚙ 0,9	95,3 ⚙ 4,7	94,5 ⚙ 5,5
Sprechstunden-helfer/-in	Kindergärtner/-in, Kinderpfleger/-in	Stenograf/-in

80,0 ⚙ 20,0	75,3 ⚙ 24,7	73,1 ⚙ 26,9	72,5 ⚙ 27,5	72,4 ⚙ 27,6
Sozialarbeiter/-in	Verkäufer/-in	Helfer/-in in der Krankenpflege	Heimleiter/-in, Sozialpädagoge/-pädagogin	Reinigungsberufe allgemein

58,4 ⚙ 41,6	58,2 ⚙ 41,8	56,5 ⚙ 43,5	54,4 ⚙ 45,6	53,5 ⚙ 46,5
Lehrer/-in	Publizist/-in, Dolmetscher/-in, Bibliothekar/-in	Arzt/Ärztin, Apotheker/-in	Bank-,Versicherungs-fachleute	Mithelfende Familienangehörige

45,9 ⚙ 54,1	45,9 ⚙ 54,1	44,8 ⚙ 55,2	44,7 ⚙ 55,3	43,8 ⚙ 56,2
Rechtsberater/-in	Seelsorger/-in	Lederhersteller/-in	Künstler/-in	Abgeordnete, administrativ entscheidende Berufstätige

37,0 ⚙ 63,0	32,6 ⚙ 67,4	32,5 ⚙ 67,5	31,7 ⚙ 68,3	28,5 ⚙ 71,5
Textilhersteller/-in	Gartenbauer/-in	Übrige Ernährungsberufe	Back-, Konditor-warenhersteller/-in	Landwirtschaftliche Arbeitskräfte, Tierpfleger/-in

24,4 ⚙ 75,6	24,3 ⚙ 75,7	23,9 ⚙ 76,1	23,6 ⚙ 76,4	23,1 ⚙ 76,9
Kunststoff-verarbeiter/-in	Papierhersteller/-in, Papierverarbeiter/-in	Unternehmer/-in, Geschäftsführer/-in	Glasmacher/-in	Verwalter/-in in der Landwirtschaft

20,4 ⚙ 79,6	19,8 ⚙ 80,2	19,1 ⚙ 80,9	18,7 ⚙ 81,3	18,1 ⚙ 81,9
Textilveredler/-in	Chemiearbeiter/-in	Landwirt/-in	Metallver-former/-in	Datenverarbeitungs-fachleute

12,9 ⚙ 87,1	12,0 ⚙ 88,0	10,8 ⚙ 89,2	6,7 ⚙ 93,3	6,5 ⚙ 93,5
Ingenieur/-in	Techniker/-in	Metalloberflächen-bearbeiter/-in	Metallverbinder/-in	Forst-, Jagdberufe

4,2 ⚙ 95,8	4,0 ⚙ 96,0	4,0 ⚙ 96,0	3,8 ⚙ 96,2	3,8 ⚙ 96,2
Former/-in, Formgießer/-in	Tischler/-in, Modellbauer/-in	Maschinist/-in	Mineral-, Erdöl-, Erdgasgewinner/-in	Mechaniker/-in

2,3 ⚙ 97,7	2,2 ⚙ 97,8	2,0 ⚙ 98,0	1,7 ⚙ 98,3	1,6 ⚙ 98,4
Bauausstatter/-in	Bauhilfsarbeiter/-in	Schlosser/-in	Kraftfahrzeug-instandsetzer/-in	Maschinen-schlosser/-in

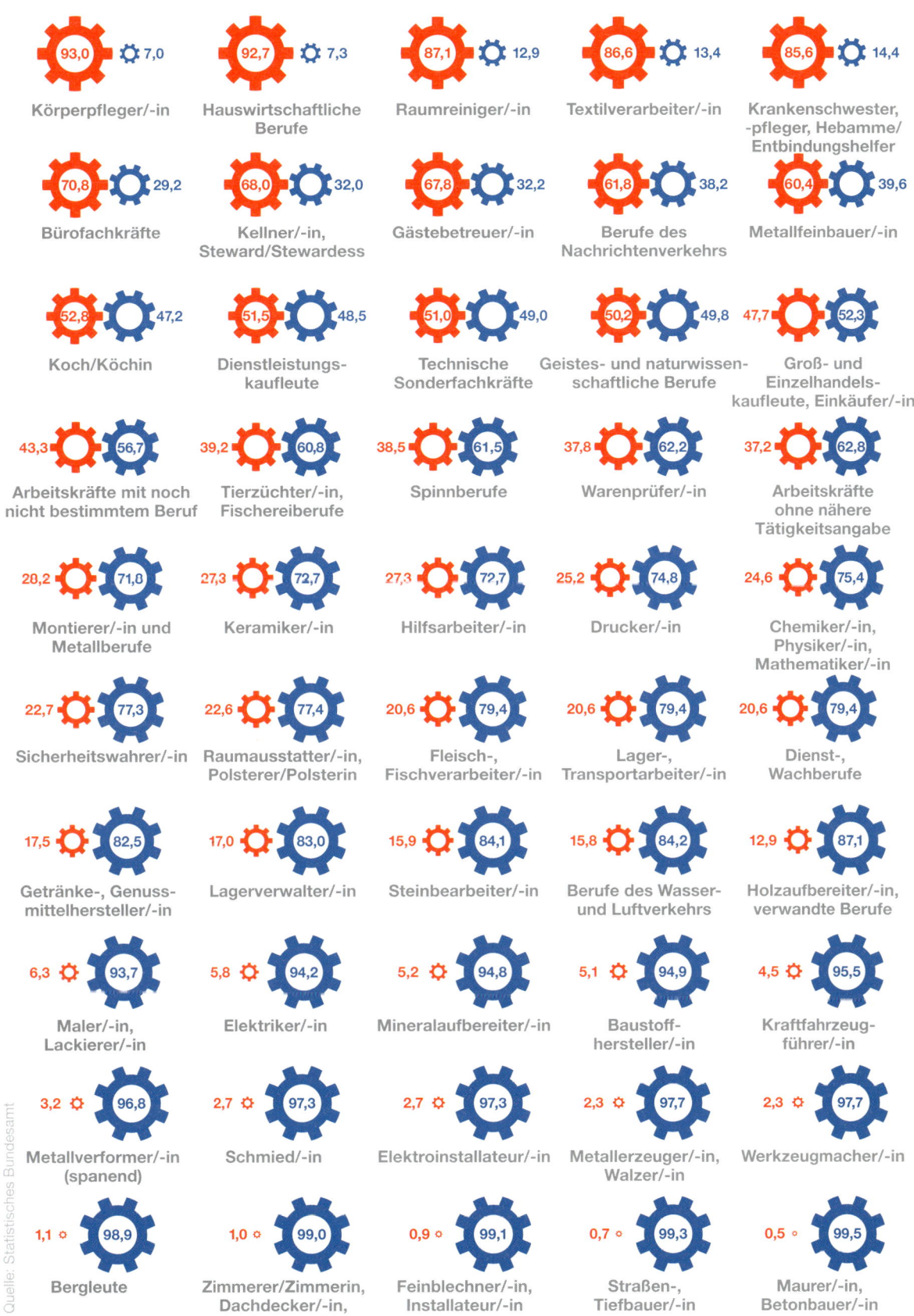

93,0 / 7,0	92,7 / 7,3	87,1 / 12,9	86,6 / 13,4	85,6 / 14,4
Körperpfleger/-in	Hauswirtschaftliche Berufe	Raumreiniger/-in	Textilverarbeiter/-in	Krankenschwester, -pfleger, Hebamme/ Entbindungshelfer
70,8 / 29,2	68,0 / 32,0	67,8 / 32,2	61,8 / 38,2	60,4 / 39,6
Bürofachkräfte	Kellner/-in, Steward/Stewardess	Gästebetreuer/-in	Berufe des Nachrichtenverkehrs	Metallfeinbauer/-in
52,8 / 47,2	51,5 / 48,5	51,0 / 49,0	50,2 / 49,8	47,7 / 52,3
Koch/Köchin	Dienstleistungs- kaufleute	Technische Sonderfachkräfte	Geistes- und naturwissen- schaftliche Berufe	Groß- und Einzelhandels- kaufleute, Einkäufer/-in
43,3 / 56,7	39,2 / 60,8	38,5 / 61,5	37,8 / 62,2	37,2 / 62,8
Arbeitskräfte mit noch nicht bestimmtem Beruf	Tierzüchter/-in, Fischereiberufe	Spinnberufe	Warenprüfer/-in	Arbeitskräfte ohne nähere Tätigkeitsangabe
28,2 / 71,8	27,3 / 72,7	27,3 / 72,7	25,2 / 74,8	24,6 / 75,4
Montierer/-in und Metallberufe	Keramiker/-in	Hilfsarbeiter/-in	Drucker/-in	Chemiker/-in, Physiker/-in, Mathematiker/-in
22,7 / 77,3	22,6 / 77,4	20,6 / 79,4	20,6 / 79,4	20,6 / 79,4
Sicherheitswahrer/-in	Raumausstatter/-in, Polsterer/Polsterin	Fleisch-, Fischverarbeiter/-in	Lager-, Transportarbeiter/-in	Dienst-, Wachberufe
17,5 / 82,5	17,0 / 83,0	15,9 / 84,1	15,8 / 84,2	12,9 / 87,1
Getränke-, Genuss- mittelhersteller/-in	Lagerverwalter/-in	Steinbearbeiter/-in	Berufe des Wasser- und Luftverkehrs	Holzaufbereiter/-in, verwandte Berufe
6,3 / 93,7	5,8 / 94,2	5,2 / 94,8	5,1 / 94,9	4,5 / 95,5
Maler/-in, Lackierer/-in	Elektriker/-in	Mineralaufbereiter/-in	Baustoff- hersteller/-in	Kraftfahrzeug- führer/-in
3,2 / 96,8	2,7 / 97,3	2,7 / 97,3	2,3 / 97,7	2,3 / 97,7
Metallverformer/-in (spanend)	Schmied/-in	Elektroinstallateur/-in	Metallerzeuger/-in, Walzer/-in	Werkzeugmacher/-in
1,1 / 98,9	1,0 / 99,0	0,9 / 99,1	0,7 / 99,3	0,5 / 99,5
Bergleute	Zimmerer/Zimmerin, Dachdecker/-in, Gerüstbauer/-in	Feinblechner/-in, Installateur/-in	Straßen-, Tiefbauer/-in	Maurer/-in, Betonbauer/-in

Quelle: Statistisches Bundesamt

DIE GRÖSSTEN SCHNARCHER

Anteil der schnarchenden Frauen und
Männer nach Altersgruppen in Prozent

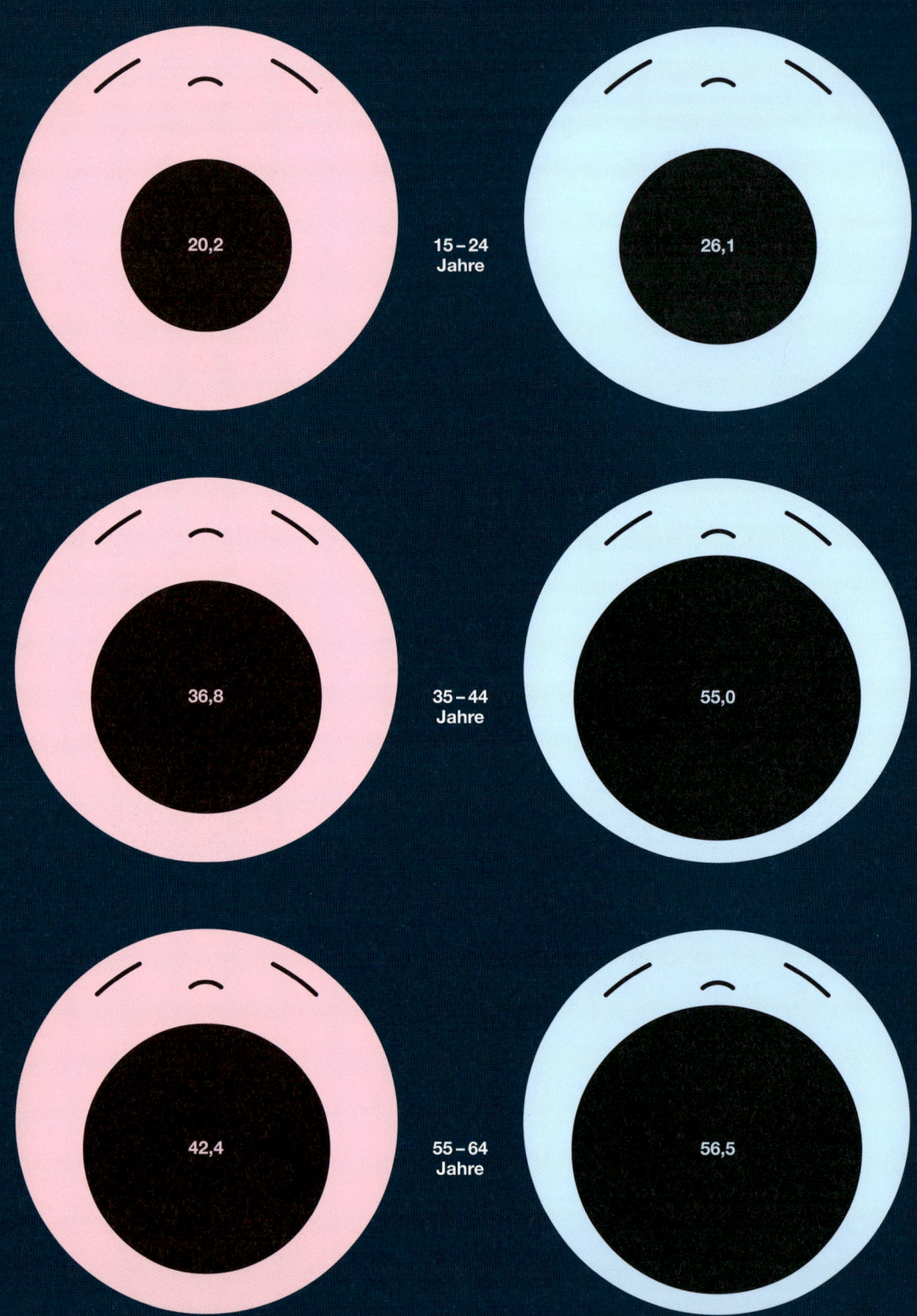

15 – 24
Jahre

20,2

26,1

35 – 44
Jahre

36,8

55,0

55 – 64
Jahre

42,4

56,5

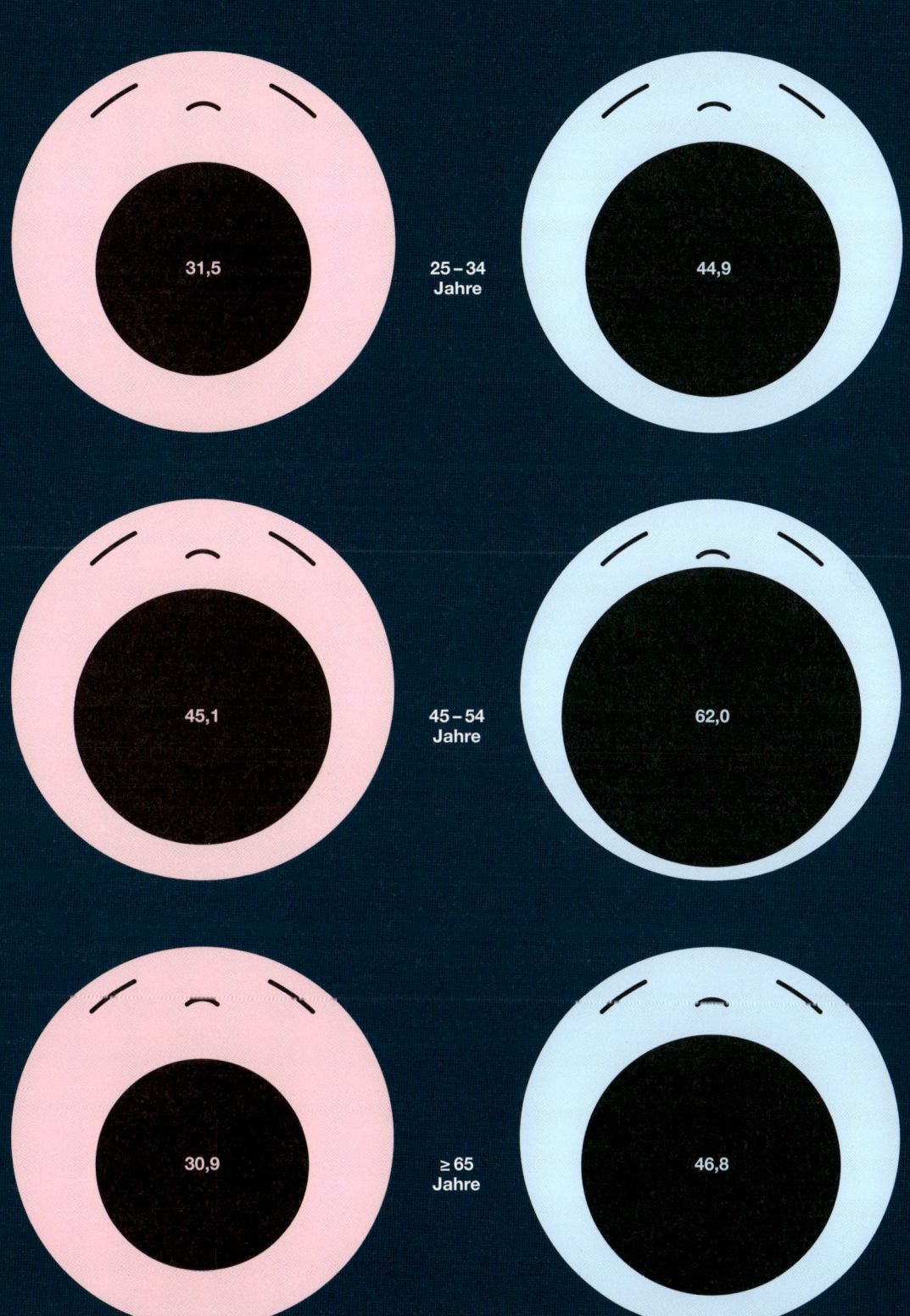

25 – 34
Jahre

45 – 54
Jahre

≥ 65
Jahre

Quelle: Maurice M. Ohayon, Christian Guilleminault, Robert G. Priest, Malijai Caulet: »Snoring and breathing pauses during sleep (...)«

SCHUHE

Welche Grundtypen für Frauen und Männer sind bekannt?

FRAUENSCHUHE

 Pantolette

 Sandalette

 Sandale

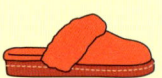 Dianette

 Flip Flop

 Wedge

 Slipper

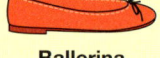 Ballerina

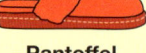 Espadrille

 Pantoffel

 Clog

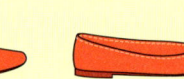 Crocs

 Pump

 Sling Pump

 Peep Toe

Plateau Sneaker

Chuck

 Sneaker

 Ankle Boot

 Docs

 Brogue

 Mule

 Mary Jane

 Römersandale

 Desert Boot

 Oxford

 Budapester

 Creeper

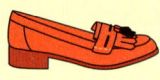 College-Schuh

 Kitten Heel

 Plateau-Sandale

 Peep Toe Boot

 High Top Sneaker

 Jodhpur-Stiefelette

 Duckboot

 Pistol Boot

Stiefelette

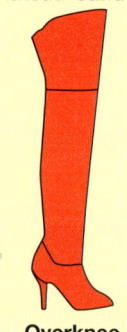 Overknee

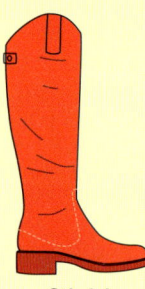 Stiefel

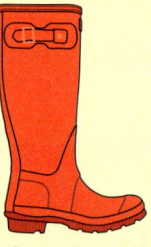 Gummistiefel

Moon Boot

 Ugg Boot

 Mukluk-Stiefel

MÄNNERSCHUHE

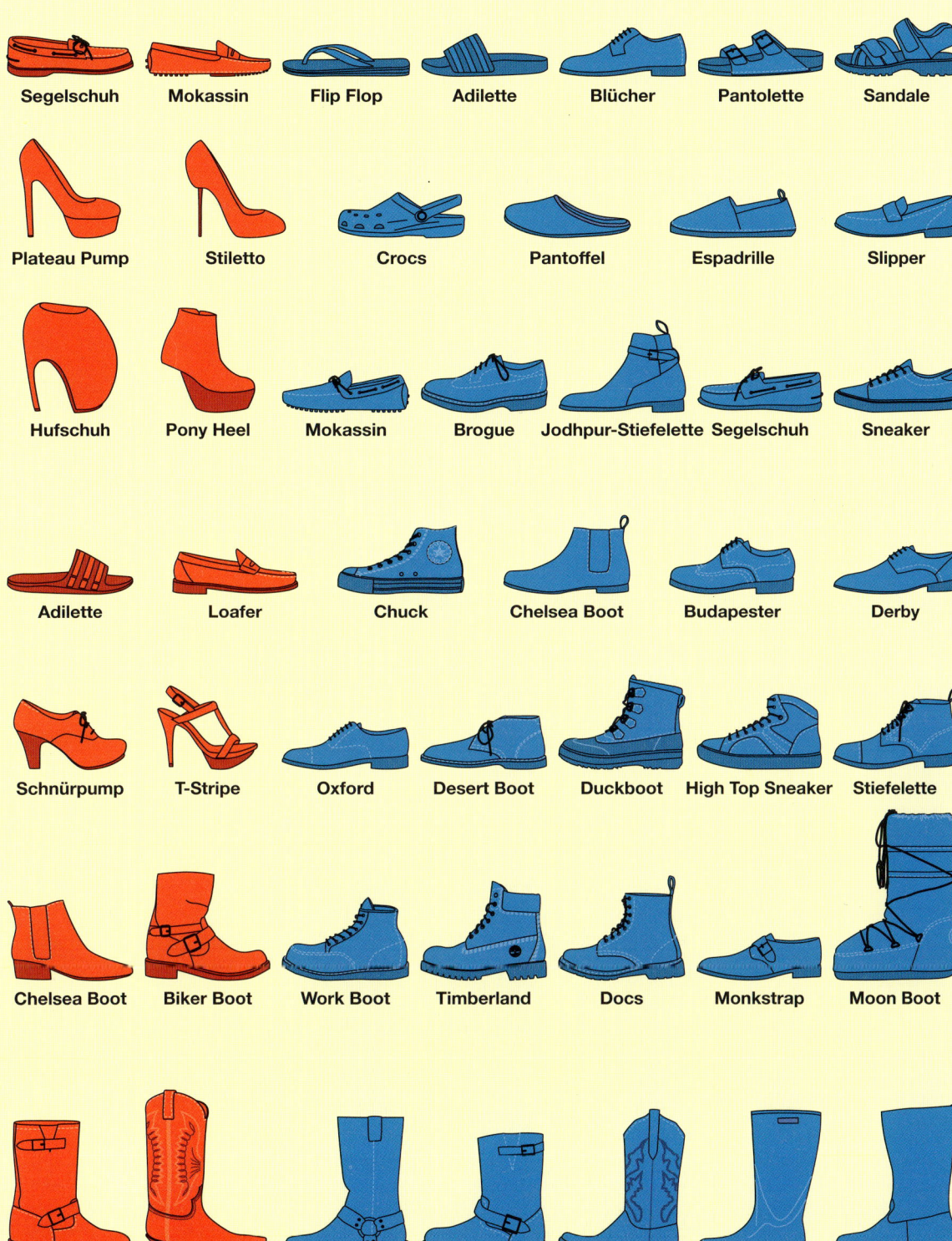

Segelschuh	Mokassin	Flip Flop	Adilette	Blücher	Pantolette	Sandale
Plateau Pump	Stiletto	Crocs	Pantoffel	Espadrille	Slipper	
Hufschuh	Pony Heel	Mokassin	Brogue	Jodhpur-Stiefelette	Segelschuh	Sneaker
Adilette	Loafer	Chuck	Chelsea Boot	Budapester	Derby	
Schnürpump	T-Stripe	Oxford	Desert Boot	Duckboot	High Top Sneaker	Stiefelette
Chelsea Boot	Biker Boot	Work Boot	Timberland	Docs	Monkstrap	Moon Boot
Engineer Boot	Cowboystiefel	Biker Boot	Engineer Boot	Cowboystiefel	Gummistiefel	Stiefel

FRAUEN

Angelika Aliti, Autorin, Annette Berr, Schriftstellerin, Bridge Markland, Performancekünstlerin, Claudia Pütz, Schriftstellerin, Elfi Mikesch, Fotografin, Helga Pankratz, Autorin, Inge Viett, Autorin, Ingrid van Bergen, Schauspielerin, Jil Sander, Modedesignerin, Katharina Franck, Sängerin, Krista Beinstein, Fotografin, Luci van Org, Moderatorin, Lucy Diakovska, Popsängerin, Maren Kroymann, Schauspielerin, Marlene Stenten, Schriftstellerin, Monika Treut, Filmregisseurin, Susanne Evers, Schauspielerin, Traude Bührmann, Schriftstellerin, Ulrike Folkerts, Schauspielerin, Ulrike Ottinger, Filmemacherin, Ulrike Röseberg, Schauspielerin, Verena Stefan, Schriftstellerin, Viola Roggenkamp, Schriftstellerin

Imke Duplitzer, Degenfechterin, Inka Grings, Fußballspielerin, Nadine Angerer, Fußballspielerin, Sabine Braun, Leichtathletin, Ursula Holl, Fußballspielerin

Anne Will, Fernsehjournalistin, Bettina Böttinger, Fernsehmoderatorin, Cornelia Scheel, Publizistin, Dunja Hayali, Journalistin, Hella von Sinnen, Fernsehunterhalterin, Julia Scherf, Moderatorin, Klaudia Wick, Journalistin, Mirjam Müntefering, Journalistin, Ramona Leiß, Fernsehmoderatorin, Vera Int-Veen, Fernsehmoderatorin

Anja Hajduk, Politikerin, Corine Mauch, Politikerin, Helga Schuchardt, Politikerin, Jutta Oesterle-Schwerin, Politikerin, Sibyll-Anka Klotz, Politikerin, Ulrike Lunacek, Politikerin

Claudia Schoppmann, Historikerin, Ilse Kokula, Forscherin, Miriam Meckel, Kommunikationswissenschaftlerin, Regina Nössler, Anthologin, Sabine Hark, Soziologin

Astrid Proll, Mitgründerin der RAF, Maria Sabine Augstein, Rechtsanwältin, Susanne Baer, Richterin

Quelle: Eigene Recherche, Dank an den LSVD-Bundesverband

MÄNNER

Ades Zabel, Schauspieler, Alfons Haider, Schauspieler, André Eisermann, Schauspieler, Andreas Steinhöfel, Autor, Aribert Reimann, Pianist, Bruno Gmünder, Verleger, Christoph Eichhorn, Schauspieler, Corny Littmann, Theaterbesitzer, Ernst-Johann »Ernie« Reinhardt (Lilo Wanders), Schauspieler, Friedhelm Kändler, Kabarettist, Friedrich Kröhnke, Schriftsteller, Georg Preuße (alias Mary Morgan), Schauspieler, Georg Uecker, Schauspieler, Günter Tolar, Schauspieler, Gustav Peter Wöhler, Schauspieler, Hape Kerkeling, Komiker, Harald Glööckler, Modedesigner, Haymo Empl, Schriftsteller, Helmut Berger, Schauspieler, Hermes Phettberg, Schauspieler, Jaecki Schwarz, Schauspieler, Jo van Nelsen, Schauspieler, Jo Weil, Schauspieler, Jochen Kowalski, Kammersänger, Josef Winkler, Schriftsteller, Jürgen Marcus, Schlagersänger, Jürgen Walter, Sänger, Karl Lagerfeld, Modedesigner, Laurent Daniels, Schauspieler, Leonard, Schlagersänger, Lothar Lambert, Regisseur, Mark Medlock, Popsänger, Matthias Freihof, Schauspieler, Max Goldt, Schriftsteller, Michael Brynntrup, Filmemacher, Michael Sollorz, Schriftsteller, Michael von der Heide, Musiker, Patrick Lindner, Schlagersänger, Peter Kern, Schauspieler, Peter Plate, Sänger, Philipp Flury, TV-Regisseur, Rainer Bielfeldt, Sänger, Rainer Fetting, Maler, Ralf König, Comic-Zeichner, Ralph Morgenstern, Moderator, Roland Emmerich, Filmproduzent, Rosa von Praunheim, Filmregisseur, Ross Antony, Fernsehmoderator, Musicaldarsteller, Musiker, Salomé (Wolfgang Cilarz), Künstler, Siegfried Fischbacher und Roy Uwe Ludwig Horn, Zauberkünstler, Stephan Runge, Schauspieler, Thomas Freitag, Kabarettist, Thomas Jonigk, Dramatiker, Thomas Rath, Modedesigner, Tim Fischer, Chansonnier, Tim Staffel, Schriftsteller, Udo Kier, Schauspieler, Udo Samel, Schauspieler, Ulrich Berkes, Schriftsteller, Walter Andreas Müller, Schauspieler, Wolfgang Joop, Modedesigner, Wolfgang Tillmans, Fotograf

Alfred Biolek, Fernsehunterhaltungskünstler, Axel Bulthaupt, Moderator, Charles Clerc, Journalist, Daniel Fohrler, Fernsehmoderator, David Wilms, Fernsehmoderator, Elmar Kraushaar, Journalist, Fritz Joachim Raddatz, Feuilletonist, Joël Gilgen, Radiomoderator, Jürgen Domian, Moderator, Kurt Aeschbacher, Fernsehmoderator, Marco Fritsche, Journalist, Marco Schreyl, Fernsehmoderator, Mario Grossniklaus, Fernsehmoderator, Matthias Frings, Journalist, Patrick Rohr, Fernsehmoderator, Sven Epiney, Fernsehmoderator, Thomas Hermanns, Fernsehmoderator, Wilhelm Wieben, Fernsehmoderator

Albert Eckert, Bürgerrechtler, Christian Schenk (war einmal Christina Schenk), Politiker, Farid Müller, Politiker, Guido Westerwelle, Politiker, Heinz Eggert, Theologe, Jens Spahn, Politiker, Johannes Kahrs, Politiker, Klaus Wowereit, Politiker, Michael Kauch, Politiker, Ole von Beust, Politiker, Stefan Kaufmann, Politiker, Thomas Niederbühl, Politiker, Volker Beck, Politiker

Martin Dannecker, Sexualwissenschaftler

Gerald »Gery« Keszler, Gründer des Life Ball, Manfred Bruns, ehemaliger Bundesanwalt, Rolf Scheider, Kosmetiker, Udo Walz, Friseur

FAMILIENNAMEN

**Für welchen Nachnamen entscheiden
sich Paare nach der Hochzeit?**

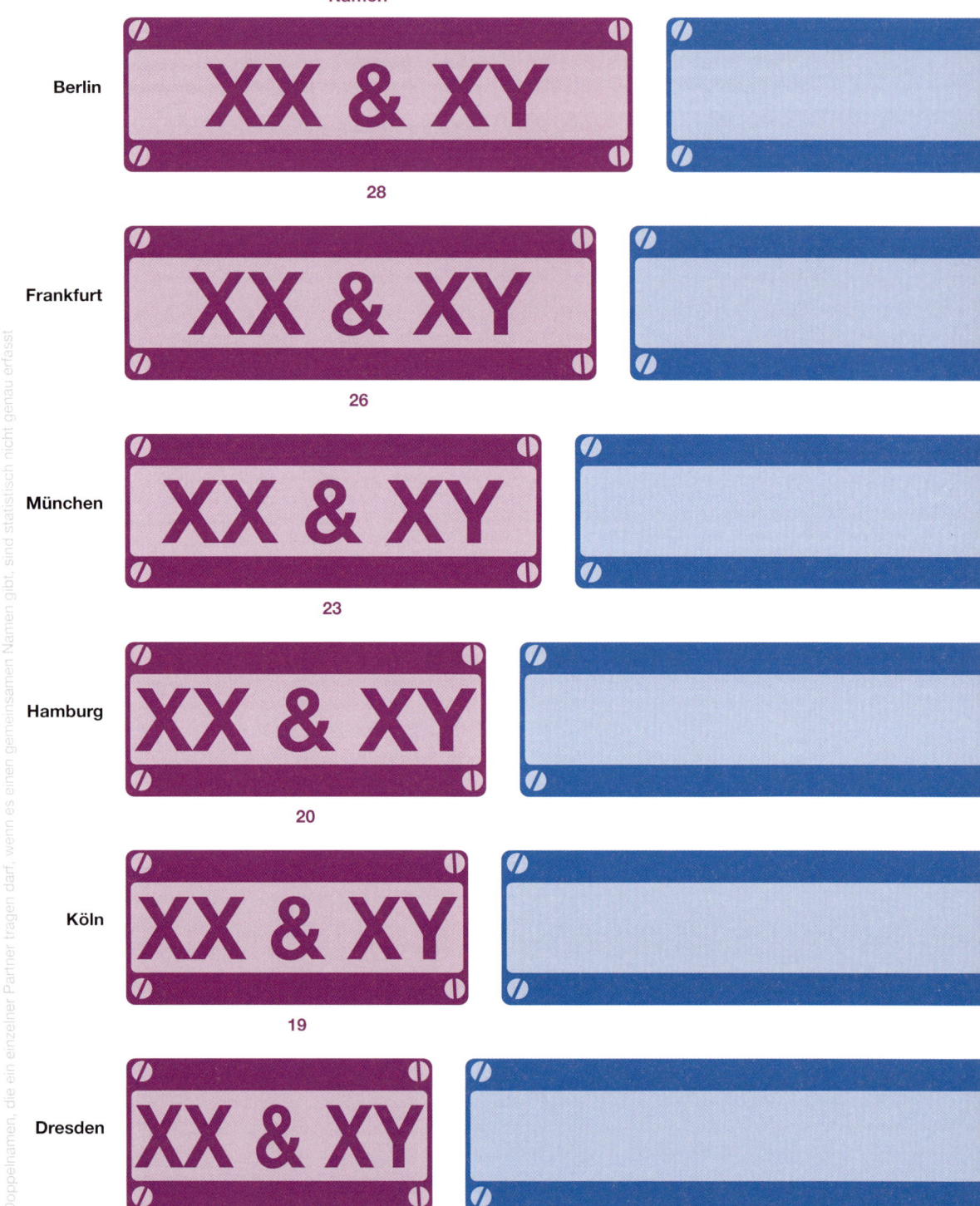

Jeder behält
seinen bisherigen
Namen

Berlin   XX & XY   28

Frankfurt   XX & XY   26

München   XX & XY   23

Hamburg   XX & XY   20

Köln   XX & XY   19

Dresden   XX & XY   17

Doppelnamen, die ein einzelner Partner tragen darf, wenn es einen gemeinsamen Namen gibt, sind statistisch nicht genau erfasst

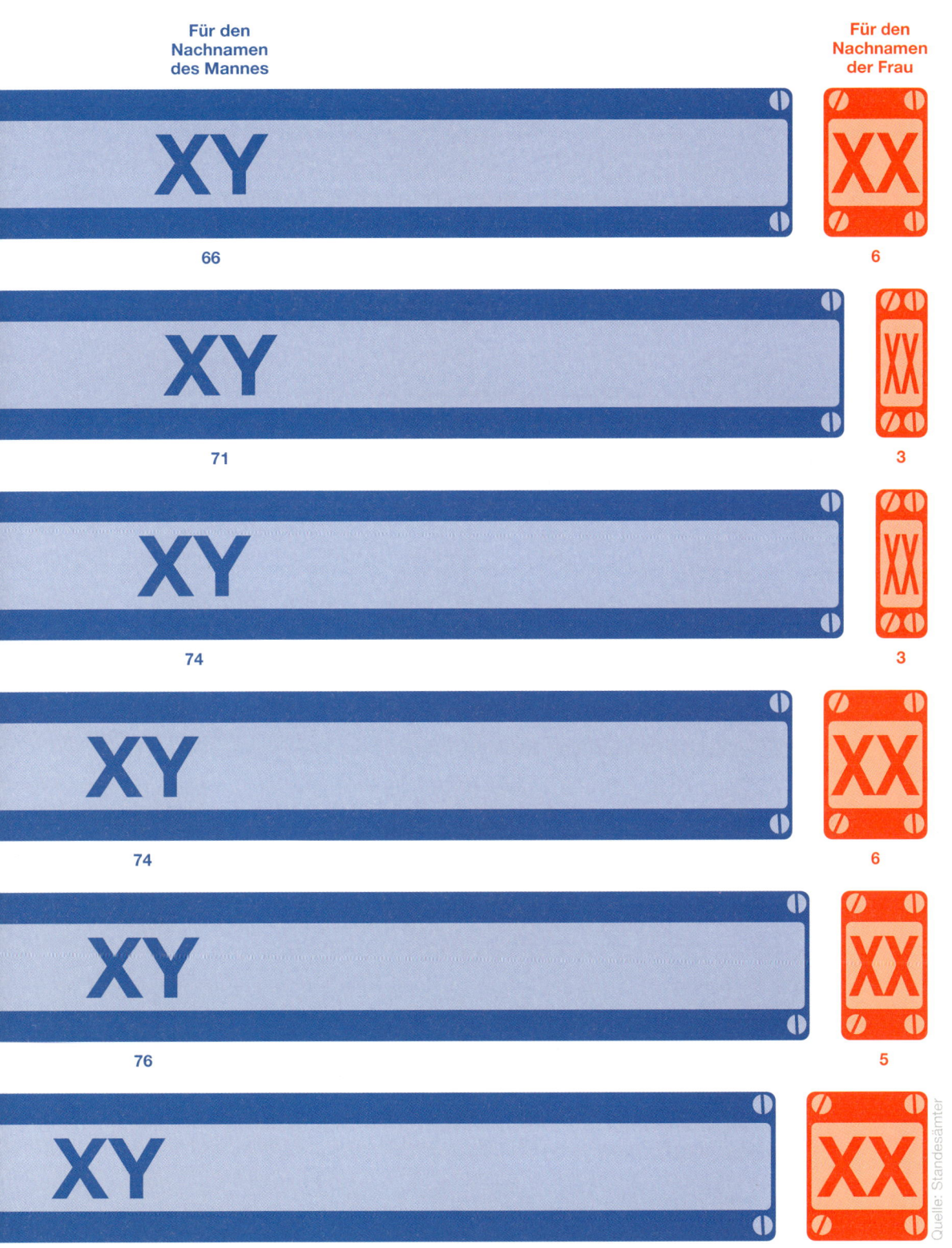

Für den Nachnamen des Mannes

Für den Nachnamen der Frau

XY 66

XX 6

XY 71

XX 3

XY 74

XX 3

XY 74

XX 6

XY 76

XX 5

XY 76

XX 7

Quelle: Standesämter

WER BESITZT WAS?

Anteil der Frauen und Männer, die
folgende Geräte zu ihrem Besitz zählen

57,0
Auto

2,4
Motorrad, Mofa, Roller

67,4
Fahrrad

39,2
Desktop-Computer

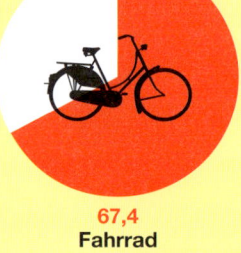

36,5
Laptop

79,5
Mobiltelefon

17,9
Navigationsgerät

6,7
Spielkonsole

99,1
Kühlschrank

41,9
Gefrierschrank

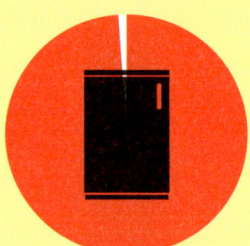

48,3
Spülmaschine

59,8
Mikrowelle

93,1
Waschmaschine

Stand 2011

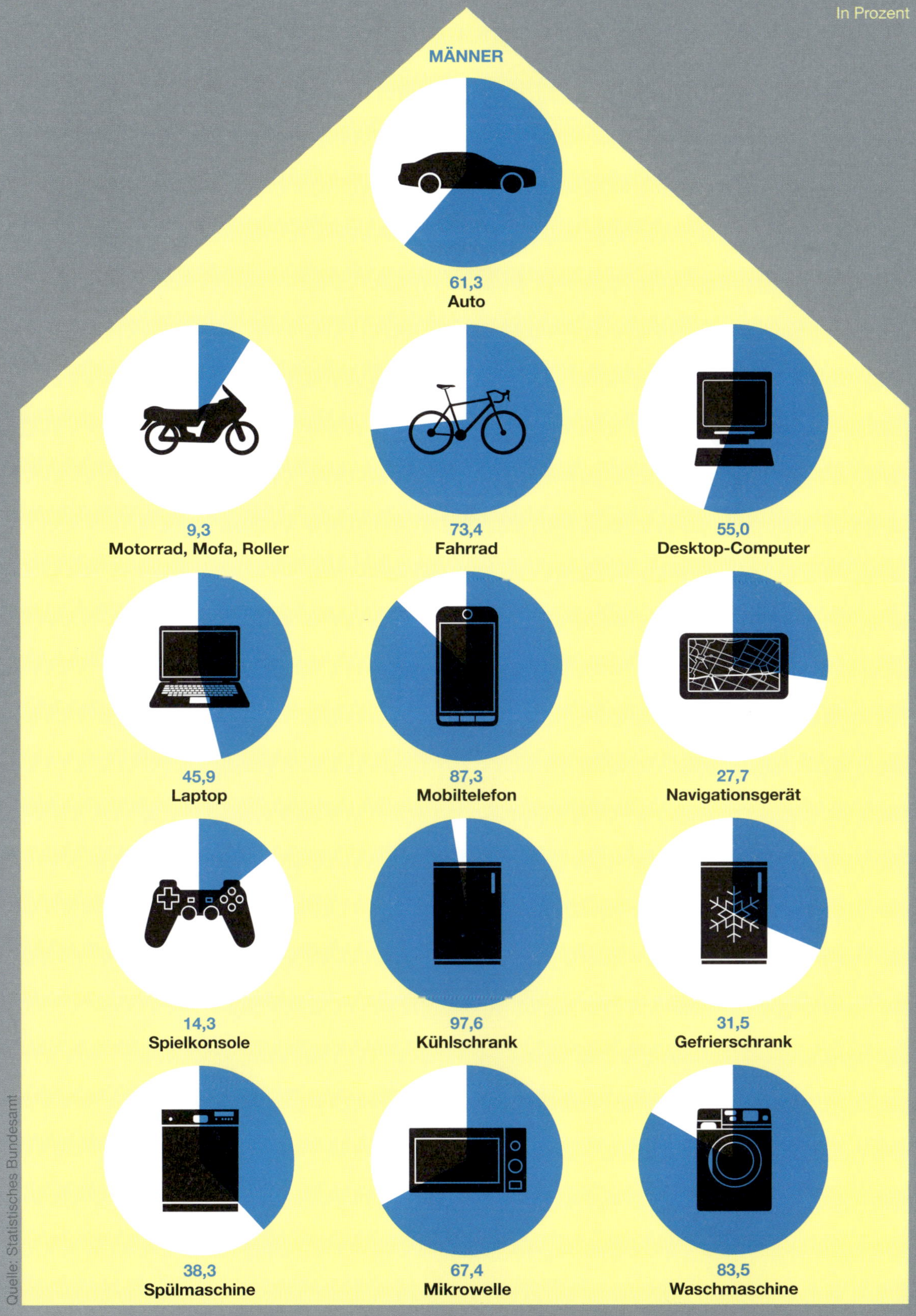

In Prozent

MÄNNER

61,3
Auto

9,3
Motorrad, Mofa, Roller

73,4
Fahrrad

55,0
Desktop-Computer

45,9
Laptop

87,3
Mobiltelefon

27,7
Navigationsgerät

14,3
Spielkonsole

97,6
Kühlschrank

31,5
Gefrierschrank

38,3
Spülmaschine

67,4
Mikrowelle

83,5
Waschmaschine

Quelle: Statistisches Bundesamt

VIELEHE

**Wo auf der Welt ist es erlaubt bzw. wird es geduldet,
dass Männer und Frauen mehrere Partner heiraten?**

Polyandrie geduldet

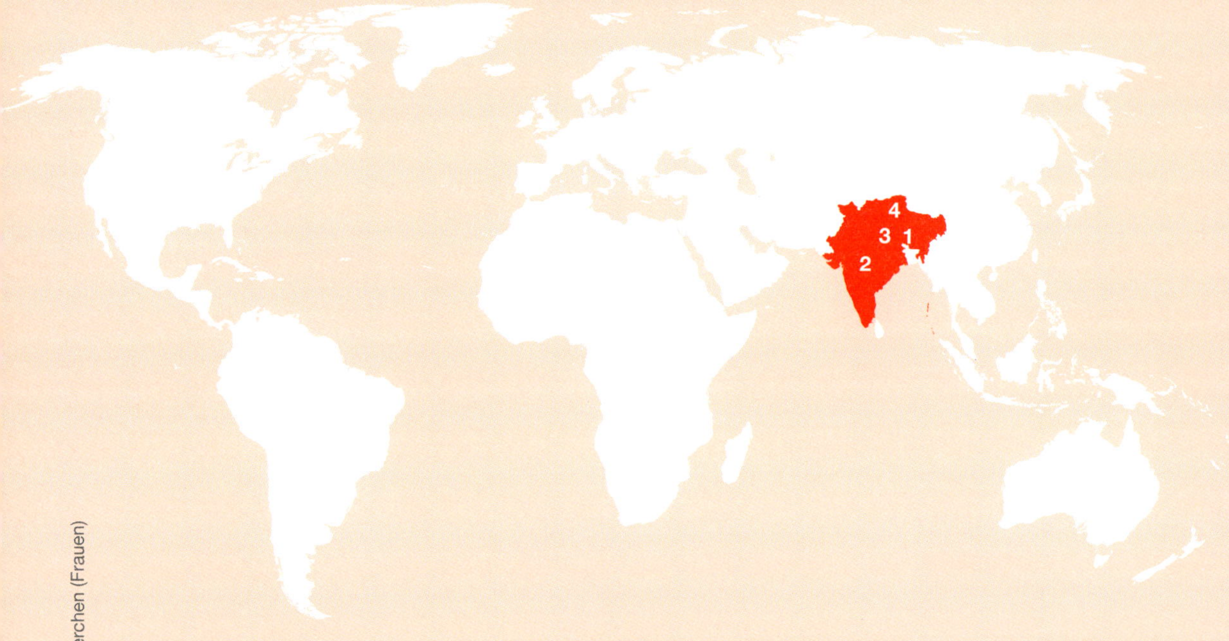

1 Bhutan, 2 Indien, 3 Nepal, 4 Tibet (China)

Quelle: Vereinte Nationen (Männer) und eigene Recherchen (Frauen)

Polygynie legal
Polygynie geduldet

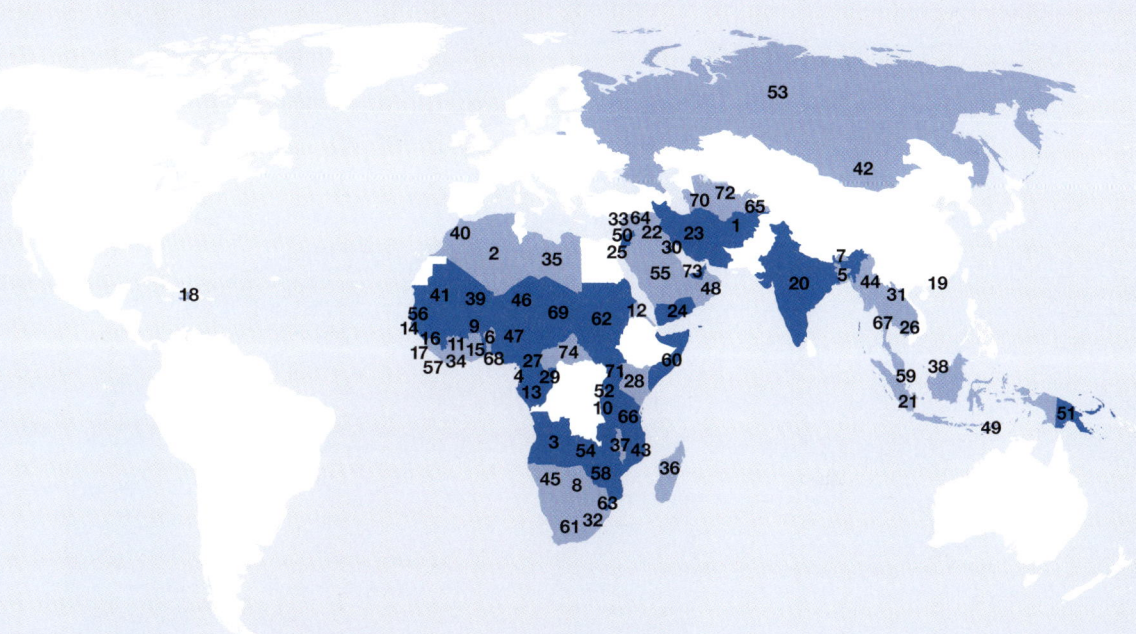

1 Afghanistan, 2 Algerien, **3 Angola, 4 Äquatorialguinea,** 5 Bangladesch, 6 Benin, 7 Bhutan, 8 Botswana,
9 Burkina Faso, 10 Burundi, 11 Elfenbeinküste, **12 Eritrea, 13 Gabun, 14 Gambia, 15 Ghana, 16 Guinea,**
17 Guinea-Bissau, 18 Haiti, 19 Hongkong, **20 Indien,** 21 Indonesien, 22 Irak, **23 Iran, 24 Jemen,** 25 Jordanien,
26 Kambodscha, **27 Kamerun,** 28 Kenia, **29 Kongo (Republik), 30 Kuwait,** 31 Laos, 32 Lesotho, 33 Libanon,
34 Liberia, 35 Libyen, 36 Madagaskar, 37 Malawi, 38 Malaysia, **39 Mali,** 40 Marokko, **41 Mauretanien,**
42 Mongolei, **43 Mosambik, 44 Myanmar, 45** Namibia, **46 Niger, 47 Nigeria,** 48 Oman, 49 Osttimor,
50 Palästinensische Gebiete, **51 Papua-Neuguinea,** 52 Ruanda, 53 Russland, **54 Sambia,** 55 Saudi-Arabien,
56 Senegal, 57 Sierra Leone, **58 Simbabwe,** 59 Singapur, **60 Somalia,** 61 Südafrika, **62 Sudan, 63 Swasiland,**
64 Syrien, 65 Tadschikistan, **66 Tansania,** 67 Thailand, **68 Togo, 69 Tschad,** 70 Turkmenistan, **71 Uganda,**
72 Usbekistan, **73 Vereinigte Arabische Emirate,** 74 Zentralafrikanische Republik

HAUSFRAUEN UND HAUSMÄNNER

Quoten nach Geschlecht

Quelle: Statistisches Bundesamt, Frauen und Männer in verschiedenen Lebensphasen, 2010 (Zahlenwerte von 2008)

6,3
Frauen
Liiert, aber nicht verheiratet

40,9
Frauen
Verheiratet, mit Kindern

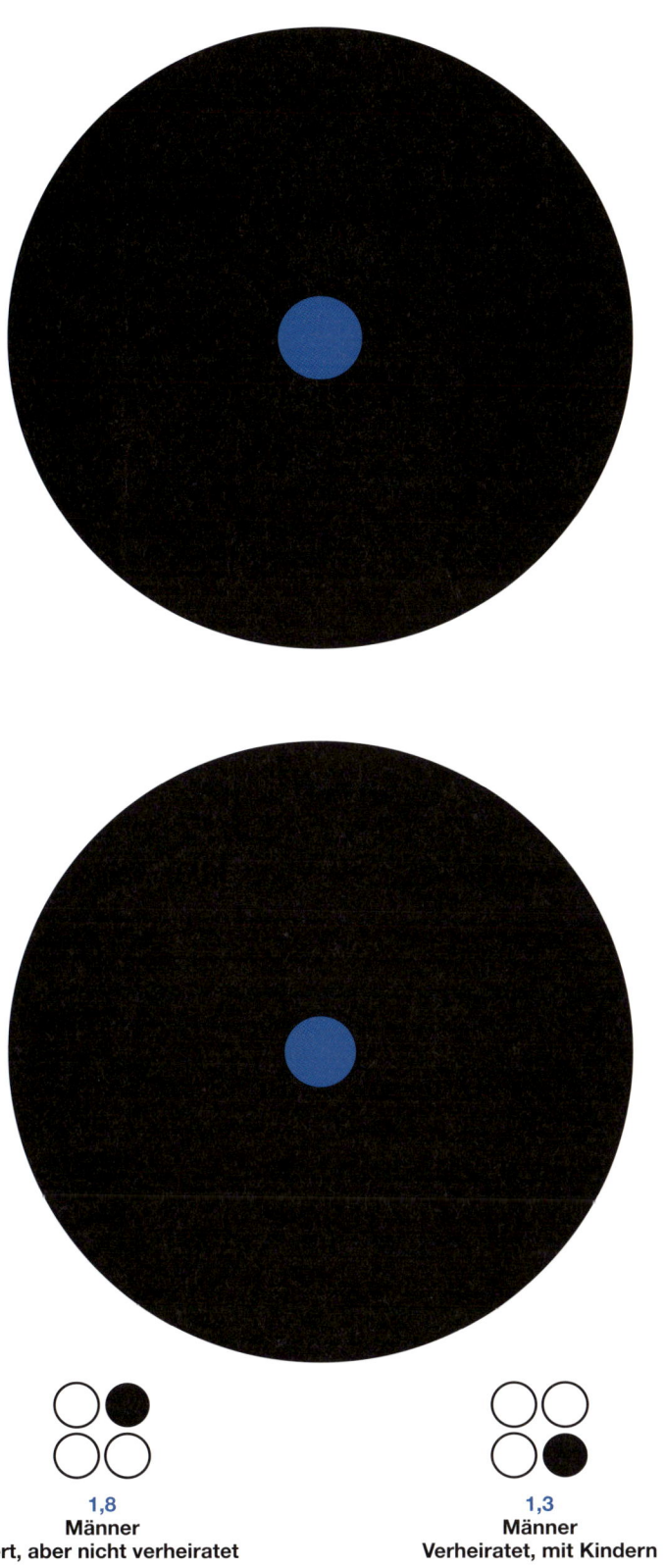

Anteil der 27- bis 59-Jährigen, die mit einem Partner zusammenleben und keine eigenen Einkünfte haben

1,8
Männer
Liiert, aber nicht verheiratet

1,3
Männer
Verheiratet, mit Kindern

GLÜCK UND ZEIT

**Anteil der Paare, die angeben, mit ihrem
Sexualleben und mit ihrer Partnerschaft
glücklich zu sein – in Abhängigkeit von
der Dauer der Beziehung**

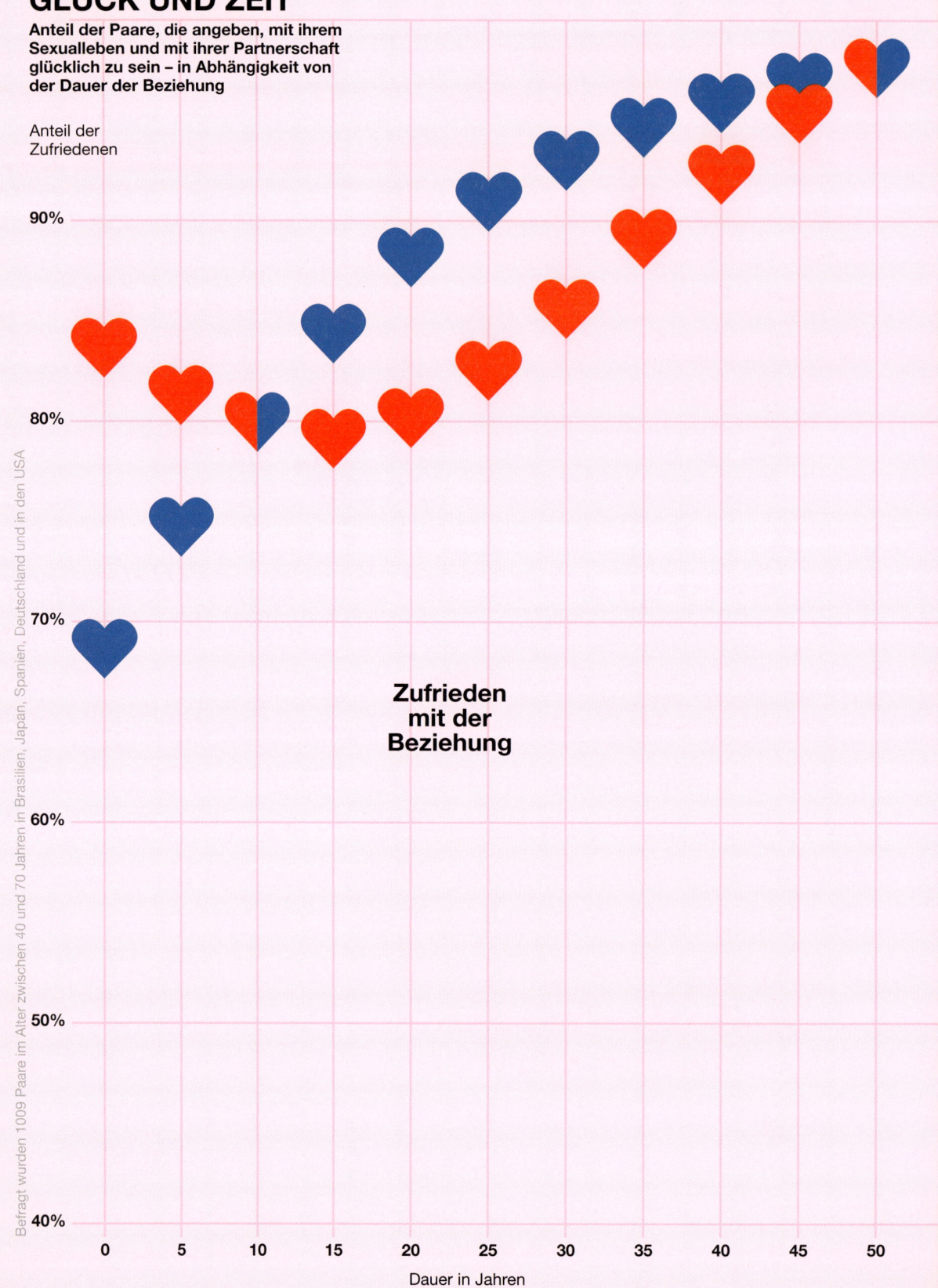

Anteil der
Zufriedenen

90%

80%

70%

**Zufrieden
mit der
Beziehung**

60%

50%

40%

0   5   10   15   20   25   30   35   40   45   50

Dauer in Jahren

Befragt wurden 1009 Paare im Alter zwischen 40 und 70 Jahren in Brasilien, Japan, Spanien, Deutschland und in den USA

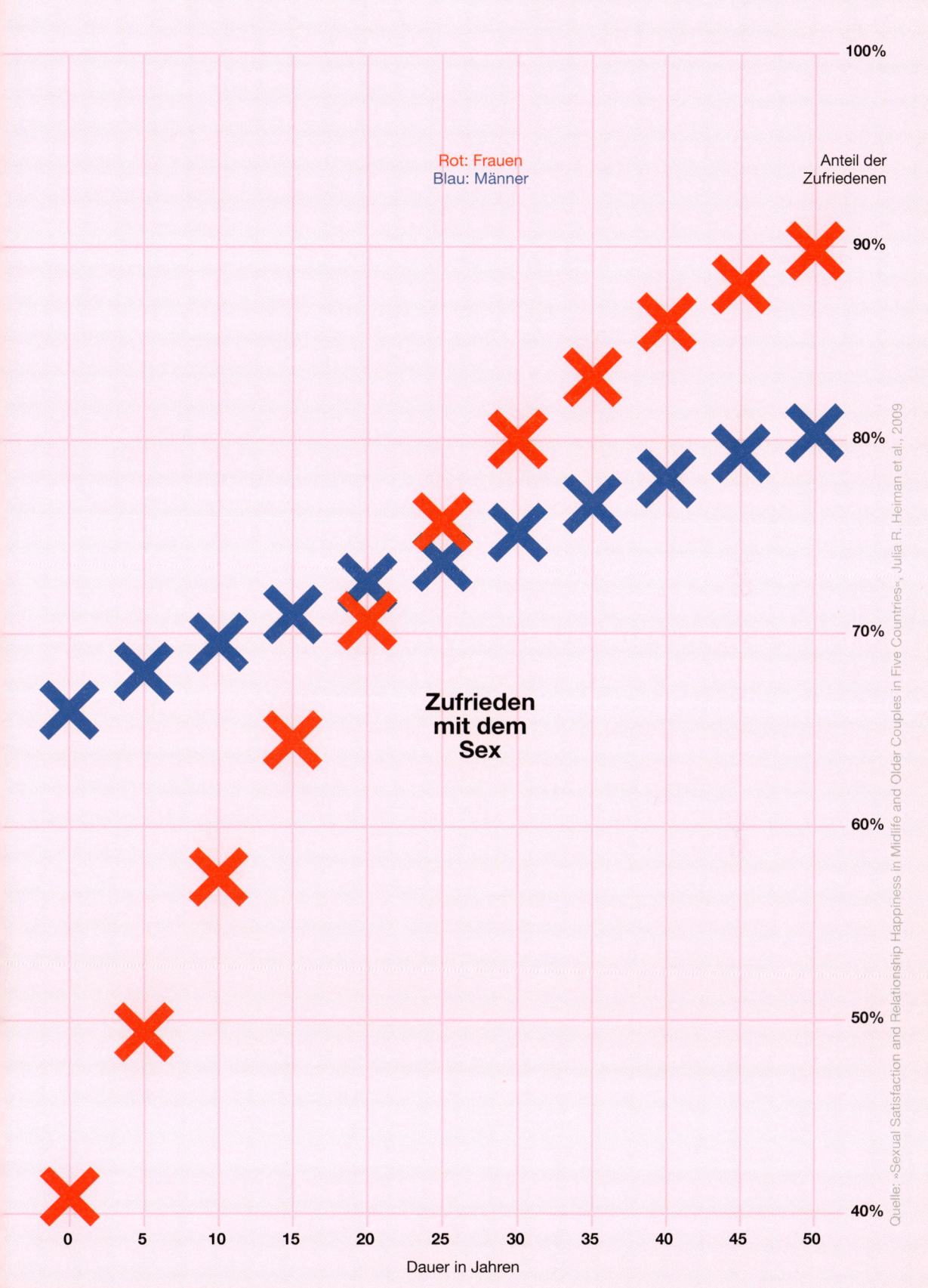

Rot: Frauen
Blau: Männer

Anteil der
Zufriedenen

**Zufrieden
mit dem
Sex**

100%

90%

80%

70%

60%

50%

40%

0   5   10   15   20   25   30   35   40   45   50

Dauer in Jahren

Quelle: »Sexual Satisfaction and Relationship Happiness in Midlife and Older Couples in Five Countries«, Julia R. Heiman et al., 2009

HAARFÄRBEMITTEL

Die Namen der Farben, die für Frauen und Männer angeboten werden

FRAUEN

Silbergrau, Extra Hellblond, Absolut Platinum, Ultra Blond, Perlblond, Scandinavia Blond, Eisblond, Vanilleblond, Chrom-Blond Metallic, Helles Goldblond, Extra helles Platinblond, Extra helles Naturblond, Helles Naturblond, Saharablond, Helles Sandblond, Perlmuttblond, Silberblond, Super Blond, Nordic Perlmutt, Champagner-Hellblond-Twist, Crystal Champagne, Naturblond, Goldblond, Honigblond, Kühles Perlblond, Perlmutt-Hellblond-Mix, Sahnekaramell, Warmes Goldblond, Mittelblond, Cool White Blond, Mandel-Blond-Twist, Caramel Goldblond, Mittelaschblond, Mandelblond, Hellblond, Erdbeerblond, Goldenes Bernsteinblond, Caramel Blond, Dunkles Goldblond, Dunkelblond, Dunkelgoldblond, Nevada Dunkelblond, Kaschmir Dunkelblond, Helles Lava Rot, Toscana Herbstrot, Karmin Rot, Brokat Rot, Rot-Kupfer Metallic, Rubinrot, Real Red, Grand Canyon Granatrot, Intensivrot, Sonniges Bronze-Rot, Kaschmir Rot, Granatrot, Madagascar Rotschwarz, Bordeaux Rot, Hot Red Caramel, Red Passion, Kirsch-Rot-Mix, Rouge Noir, Mystik Violet, Ultraviolett, Violette Wildseide, Crazy Violet, Dunkle Kirsche, Violett-Schwarz Amethyst, Aubergine, Cyber-Purple, Rot, Rotbuche, Cool Spicy Red, Mahagoni Satin, Pflaume-Dunkelrot-Mix, Saphir Dunkelviolett, Marrakesch Dunkle Kirsche, Glanzvolles Schwarzrot, Dark Chili Chocolate, Dunkelviolett, Schwarzrot Organdi, Honigbraun, Helles Schokobraun, Helles Karamellbraun, Helles Goldbraun, Helles Kupferbraun, Cognac Haselnuss, Schokogoldbraun, Sonniges Braun, Bernsteinbraun, Caramel Braun, Helles Schokobraun, Karamelbraun, Herbstgold, Edles Braun, Schillerndes Rotbraun, Highlands Kastanie, Kastanie, Kühle Kastanie, Kastanienbraun, Marocco Mittelgoldbraun, Prunkvolles Goldbraun, Rehbraun, Nougat-Braun-Twist, Peru Nougat Braun, Muskat Mittelbraun, Edelmahagoni, Gold-Braun Metallic, Granit Hellbraun-Mix, Haselnuss, Hellbraun, Mahagoni, Mahagoni Braun, Naturbraun, Nougatbraun, Mittelbraun, Praline-Braun-Mix, Rusty Braun, Samt Braun, Schokobraun, Sweet Brunette, Warmes Mahagoni, Amarettobraun, Dunkles Rotbraun, Dunkles Schokobraun, Electro Red Brunette, Hell- bis Mittelbraun, Helles Mandelbraun, Mokkabraun, Arabi Schwarzbraun, Brazil Dunkelbraun, Cappuccino-Braun-Twist, Goldbraun, Graphit-Braun, Kakao Dunkelgoldbraun, Kühles Graphit-Braun, Schwarzbraun Magique, Espresso, Bitter Sweet Chocolate, Cassis Braun, Dunkelbraun, Schoko Dunkelbraun-Mix, Schwarzbraun, Cosmic Blue, Blauschwarz, Brombeer-Schwarz Mix, Schwarz, Kenya Schwarz, Espresso Schwarz, Deep Black

MÄNNER

Absolut Platinum, Natur Dunkelblond, Electro Red Brunette, Red Passion, Real Red, Mystik Violet, Natur Hellbraun, Natur Mittelbraun, Natur Dunkelbraun, Amaretto Dunkelbraun-Twist, Cosmic Blue, Natur-Schwarzbraun, Natur Schwarz, Deep Black

Berücksichtigt sind die Marken Schwarzkopf, Syoss und Poly Palette

Quelle: Eigene Recherchen

PHOBIEN
Wovor sich Frauen und Männer krankhaft fürchten

8,3	5,6	3,7	5,4	4,3
Schlangen	Spinnen	Blitze	Geschlossene Räume	Dunkelheit
2,4	1,2	0,3	2,4	0

Quelle: Mats Fredrikson u.a: »Gender and age differences in the prevalence of specific fears and phobias«

Häufigkeit der jeweiligen Angst in Prozent

8,6	3,2	1,9	2,1	4,0
Höhe	Fliegen	Spritzen	Zahnarzt	Verletzungen
6,3	1,8	1,2	2,1	2,4

SCHIMPFWÖRTER

nach Tieren benannt – und sortiert nach
dem Geschlecht, für das sie gemeint sind

FRAUEN

Blindschleiche

Graue Maus

Gans

Kuh/
Planschkuh/
Sumpfkuh

Pute

Huhn

Ratte

Nachteule

Schnepfe

Nebelkrähe

Zicke/
Zimtzicke

Schmeißfliege

Unke

Schaf

Schnecke

Wachtel/
Spinatwachtel

Schlange/
Giftschlange

Ziege/
Gewitterziege

Lahme Ente

Kröte

Quelle: Eigene Recherche

MÄNNER

Filzlaus

Esel

Ameisenbär

Affe/ Lackaffe/
Brüllaffe

Wurm

Kauz

Frosch/
Knallfrosch

Schluckspecht

Angsthase

Gockel

Schwein

Hirsch

Hund/Schoßhund

Hammel/Neidhammel/
Streithammel

Dreckspatz

Bürohengst

Saubär

Stinkmolch/
Lustmolch

Ziegenbock

Mistkäfer

Schweineigel

Komischer Vogel

Eitler Pfau

Papiertiger

Dreckfink/
Mistfink/
Schmutzfink/
Schmierfink

Schmalzdackel

Schwanzlurch

Ochse/
Hornochse

Stockfisch

BUNDESTAGSWAHLEN

Wem gaben Frauen ihre Stimme und wem Männer?

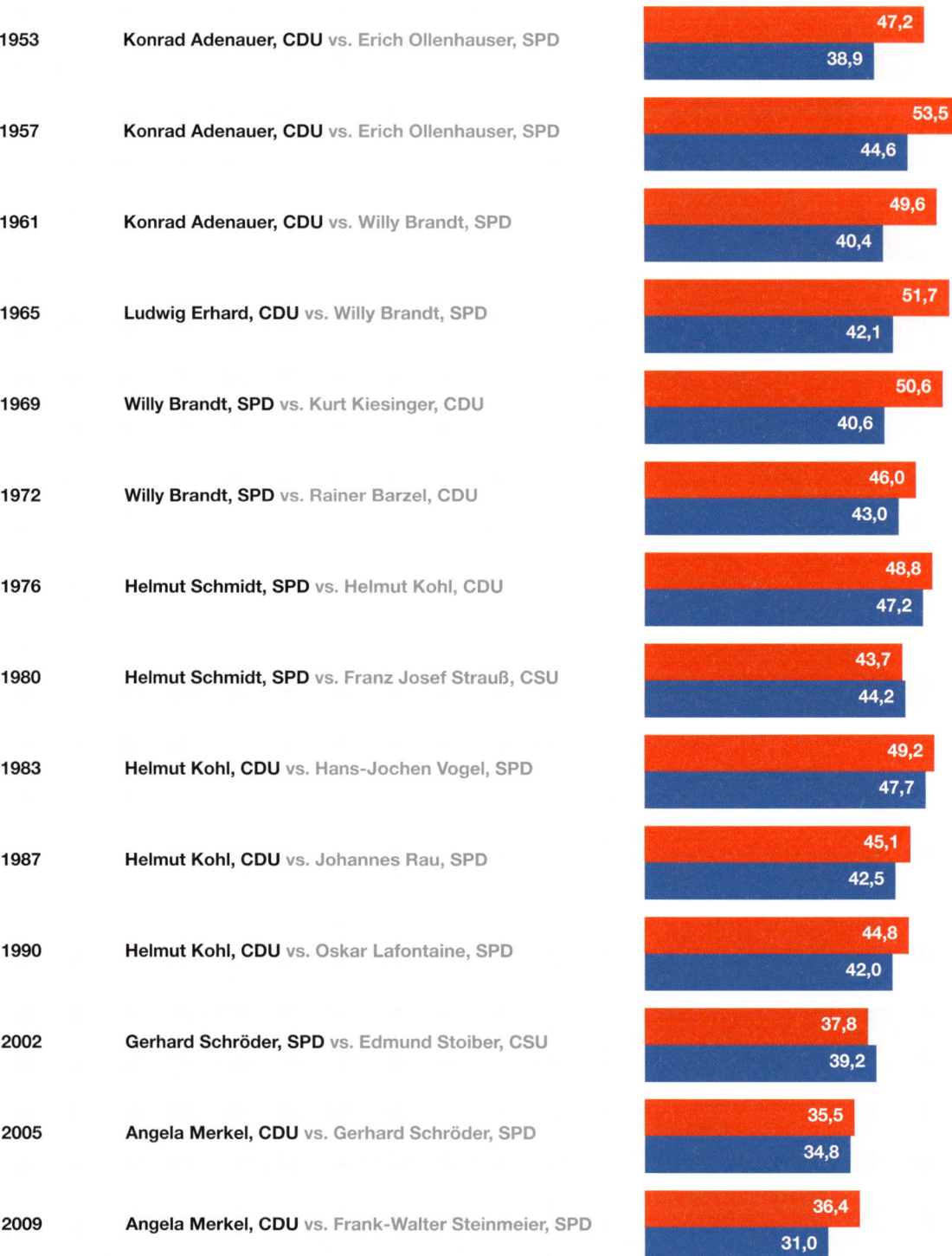

Jahr		CDU/CSU	SPD
1953	Konrad Adenauer, CDU vs. Erich Ollenhauser, SPD	47,2	38,9
1957	Konrad Adenauer, CDU vs. Erich Ollenhauser, SPD	53,5	44,6
1961	Konrad Adenauer, CDU vs. Willy Brandt, SPD	49,6	40,4
1965	Ludwig Erhard, CDU vs. Willy Brandt, SPD	51,7	42,1
1969	Willy Brandt, SPD vs. Kurt Kiesinger, CDU	50,6	40,6
1972	Willy Brandt, SPD vs. Rainer Barzel, CDU	46,0	43,0
1976	Helmut Schmidt, SPD vs. Helmut Kohl, CDU	48,8	47,2
1980	Helmut Schmidt, SPD vs. Franz Josef Strauß, CSU	43,7	44,2
1983	Helmut Kohl, CDU vs. Hans-Jochen Vogel, SPD	49,2	47,7
1987	Helmut Kohl, CDU vs. Johannes Rau, SPD	45,1	42,5
1990	Helmut Kohl, CDU vs. Oskar Lafontaine, SPD	44,8	42,0
2002	Gerhard Schröder, SPD vs. Edmund Stoiber, CSU	37,8	39,2
2005	Angela Merkel, CDU vs. Gerhard Schröder, SPD	35,5	34,8
2009	Angela Merkel, CDU vs. Frank-Walter Steinmeier, SPD	36,4	31,0

Für die Wahlen 1994 und 1998 gibt es keine Auswertungen nach Geschlecht

CDU/CSU

Zweitstimmen in Prozent. Wahlsieger sind in schwarz gedruckt,
ebenfalls angegeben: unterlegene Kanzlerkandidaten

Rot: von Frauen gewählt
Blau: von Männern gewählt

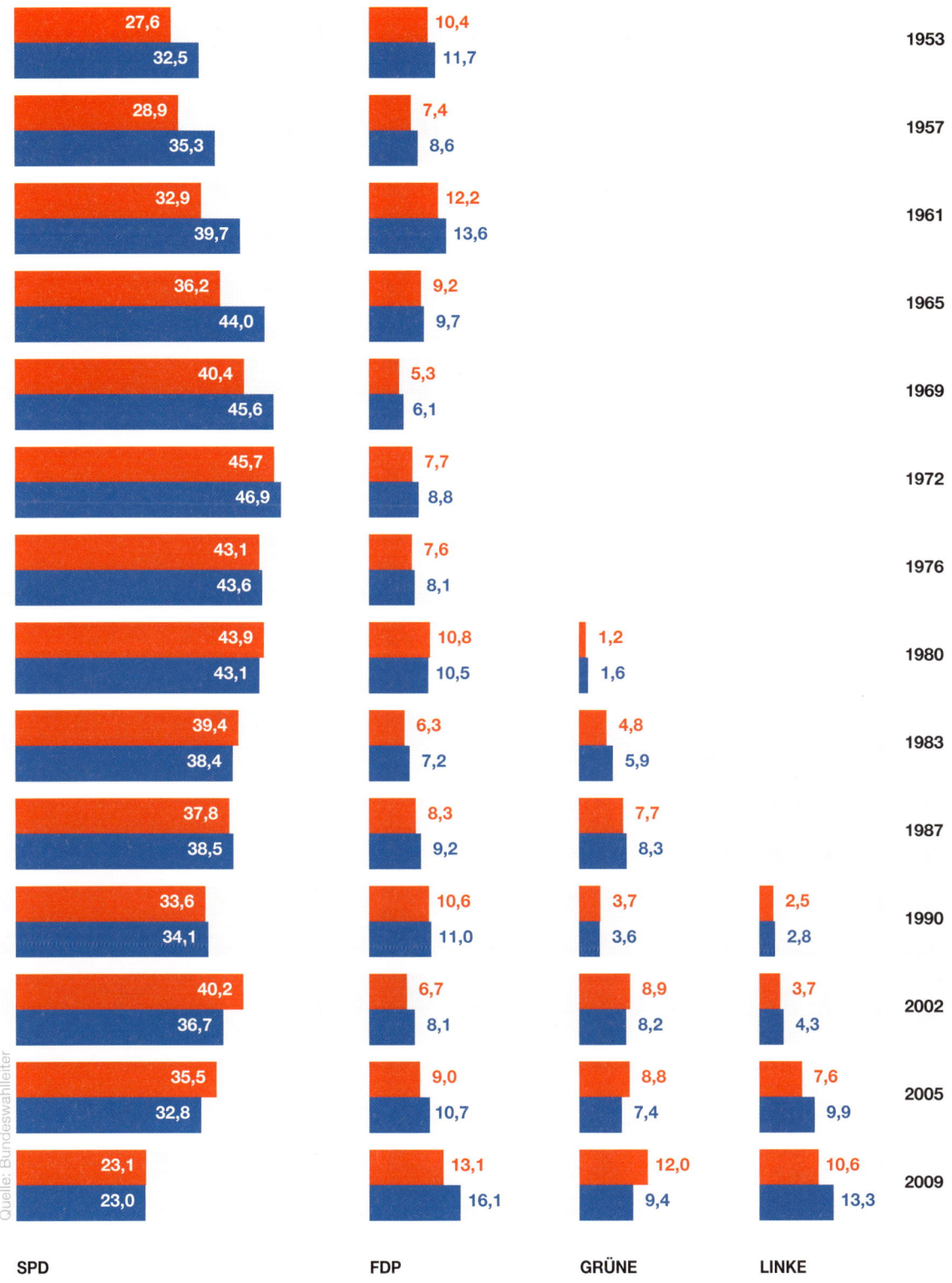

Quelle: Bundeswahlleiter

SPD	FDP	GRÜNE	LINKE	
27,6 / 32,5	10,4 / 11,7			1953
28,9 / 35,3	7,4 / 8,6			1957
32,9 / 39,7	12,2 / 13,6			1961
36,2 / 44,0	9,2 / 9,7			1965
40,4 / 45,6	5,3 / 6,1			1969
45,7 / 46,9	7,7 / 8,8			1972
43,1 / 43,6	7,6 / 8,1			1976
43,9 / 43,1	10,8 / 10,5	1,2 / 1,6		1980
39,4 / 38,4	6,3 / 7,2	4,8 / 5,9		1983
37,8 / 38,5	8,3 / 9,2	7,7 / 8,3		1987
33,6 / 34,1	10,6 / 11,0	3,7 / 3,6	2,5 / 2,8	1990
40,2 / 36,7	6,7 / 8,1	8,9 / 8,2	3,7 / 4,3	2002
35,5 / 32,8	9,0 / 10,7	8,8 / 7,4	7,6 / 9,9	2005
23,1 / 23,0	13,1 / 16,1	12,0 / 9,4	10,6 / 13,3	2009

METHODEN DER VERHÜTUNG

Welche Mittel stehen Frau und Mann zur Verfügung,
durch Sex keine Kinder zu zeugen?

FÜR DIE FRAU

Hormonspirale

Pille

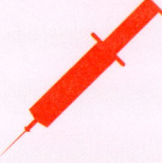

Depotspritze

Mini-Pille

Vaginalring

Verhütungspflaster

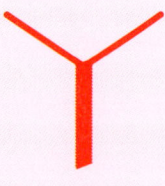

Kupferspirale

Hormonimplantat

Basaltemperaturmethode

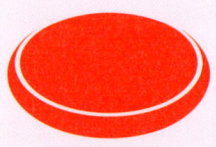

Diaphragma

Femidom

Portiokappe

Sterilisation

**Chemische Verhütungsmittel
(Zäpfchen, Salben und Gels)**

Kalendermethode

FÜR DEN MANN

Kondom

Sterilisation

Coitus interruptus

WORTENDUNGEN

Welches Geschlecht haben die
Wortendungen im Deutschen?

-enz

-erei

-ei

-heit

-ie

-igkeit

-ik

-in

weiblich

-ion*

-keit

-logie

-lyse

-schaft

-tät

-tur*

-ung

Quelle: Eigene Recherche

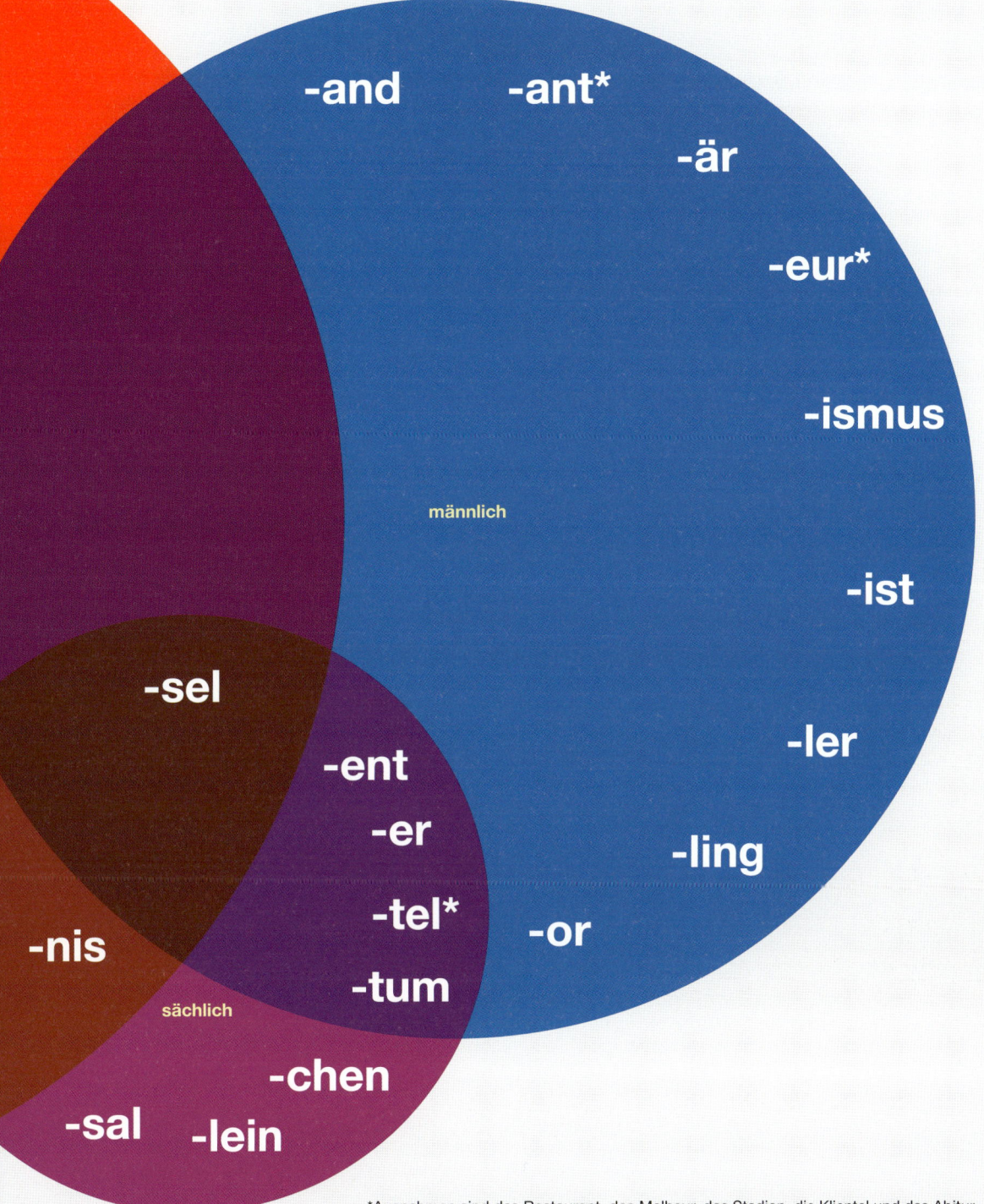

-and   -ant*

-är

-eur*

-ismus

männlich

-ist

-sel

-ler

-ent

-er

-ling

-tel*

-or

-nis

-tum

sächlich

-chen

-sal   -lein

*Ausnahmen sind das Restaurant, das Malheur, das Stadion, die Klientel und das Abitur

SEXIEST MEN & WOMEN

**Wie alt waren die Männer und Frauen,
als sie zum attraktivsten Vertreter ihres
Geschlechts weltweit gewählt wurden?**

Die Auszeichnung »Sexiest Man Alive« wird vom amerikanischen People Magazine verliehen – die »Sexiest Women« werden vom Magazin FHM ermittelt.

55

Harrison Ford

50

Richard Gere

Pierce Brosnan

Johnny Depp

45

Denzel Washington

40

George Clooney

Halle Berry

35

Brad Pitt

Teri Hatcher

Brad Pitt

Jennifer Lopez

Jennifer Lopez

30

Ben Affleck

Gillian Anderson

25

Jenny McCarthy

Claudia Schiffer

Sarah Michelle Gellar

Anna Kournikova

20

1995   1996   1997   1998   1999   2000   2001   2002   2003

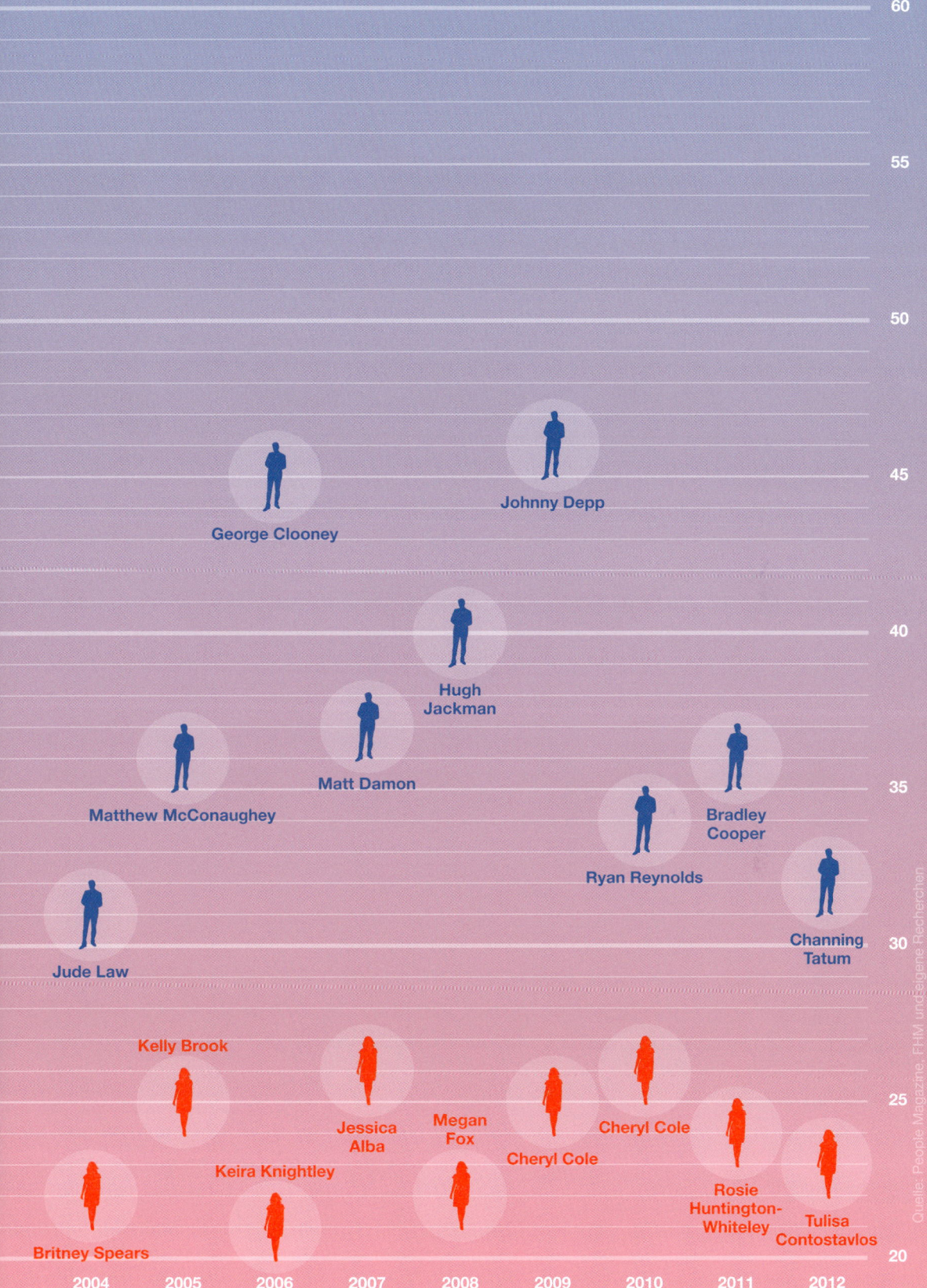

60

55

50

45

George Clooney

Johnny Depp

40

Hugh
Jackman

Matt Damon

Matthew McConaughey

Bradley
Cooper

35

Ryan Reynolds

Channing
Tatum

30

Jude Law

Kelly Brook

Jessica
Alba

Megan
Fox

Cheryl Cole

25

Cheryl Cole

Keira Knightley

Rosie
Huntington-
Whiteley

Tulisa
Contostavlos

Britney Spears

20

2004   2005   2006   2007   2008   2009   2010   2011   2012

Quelle: People Magazine, FHM und eigene Recherchen

HAUSTIERE

**Welches menschliche Geschlecht
hält bevorzugt welche Tiere?**

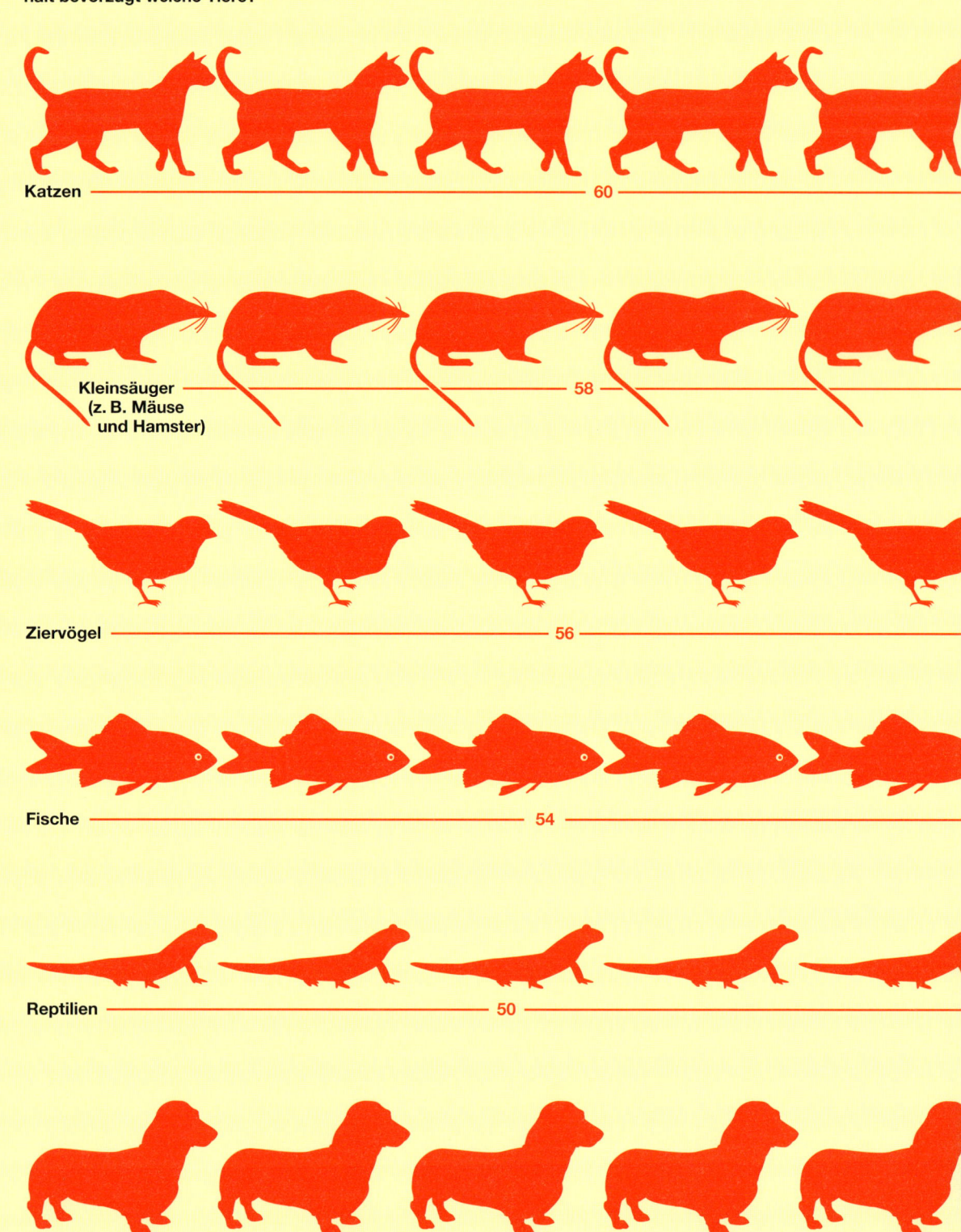

Katzen ———————————————— 60 ————————————————

Kleinsäuger ————————
**(z. B. Mäuse
und Hamster)** ———— 58 ————

Ziervögel ———————————————— 56 ————————————————

Fische ———————————————— 54 ————————————————

Reptilien ———————————————— 50 ————————————————

Hunde ———————————————— 49 ————————————————

40

42

44

46

50

51

Quelle: Zentralverband Zoologischer Fachbetriebe Deutschlands e.V.

DAX-UNTERNEHMEN

**Wie viele Frauen sind in Vorständen der großen
deutschen Aktienkonzerne zu finden?**

ADIDAS	**ALLIANZ**	**BASF**
4 | 0	9 | 1	7 | 1

COMMERZBANK	**CONTINENTAL**
9 | 0	7 | 1

DEUTSCHE POST	**DEUTSCHE TELEKOM**	**E.ON**
6 | 1	5 | 2	6 | 0

HENKEL	**INFINEON**	**K+S**
5 | 1	3 | 0	5 | 0

MUNICH RE	**RWE**	**SAP**
9 | 0	4 | 0	5 | 0

Stand: 11.8.2013   Diese Grafik hatten wir so ähnlich 2009 schon einmal erstellt – damals war nur eine einzige Frau in DAX-Vorständen, nämlich Barbara Kux bei Siemens

BAYER
4 | 0

BEIERSDORF
3 | 0

BMW
7 | 1

DAIMLER
7 | 1

DEUTSCHE BANK
7 | 0

DEUTSCHE BÖRSE
4 | 1

FRESENIUS
7 | 0

FRESENIUS MEDICAL CARE
8 | 0

HEIDELBERGCEMENT
6 | 0

LANXESS
4 | 0

LINDE
5 | 0

LUFTHANSA
3 | 2

MERCK
4 | 0

SIEMENS
7 | 2

THYSSENKRUPP
3 | 0

VOLKSWAGEN
9 | 0

CHÖRE

**Wo wird in Deutschland am meisten gesungen:
In Frauen-, Männer- oder gemischten Chören?**

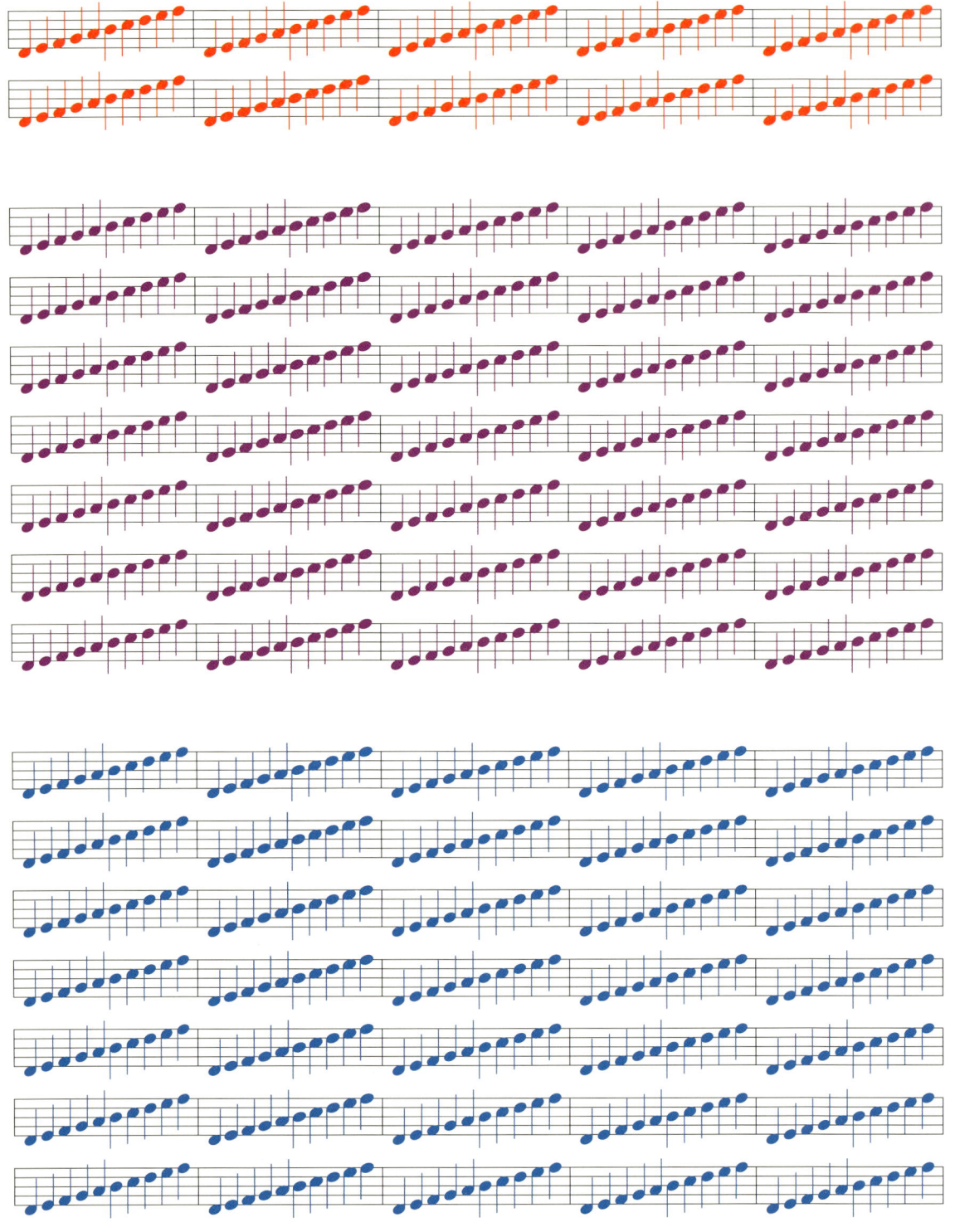

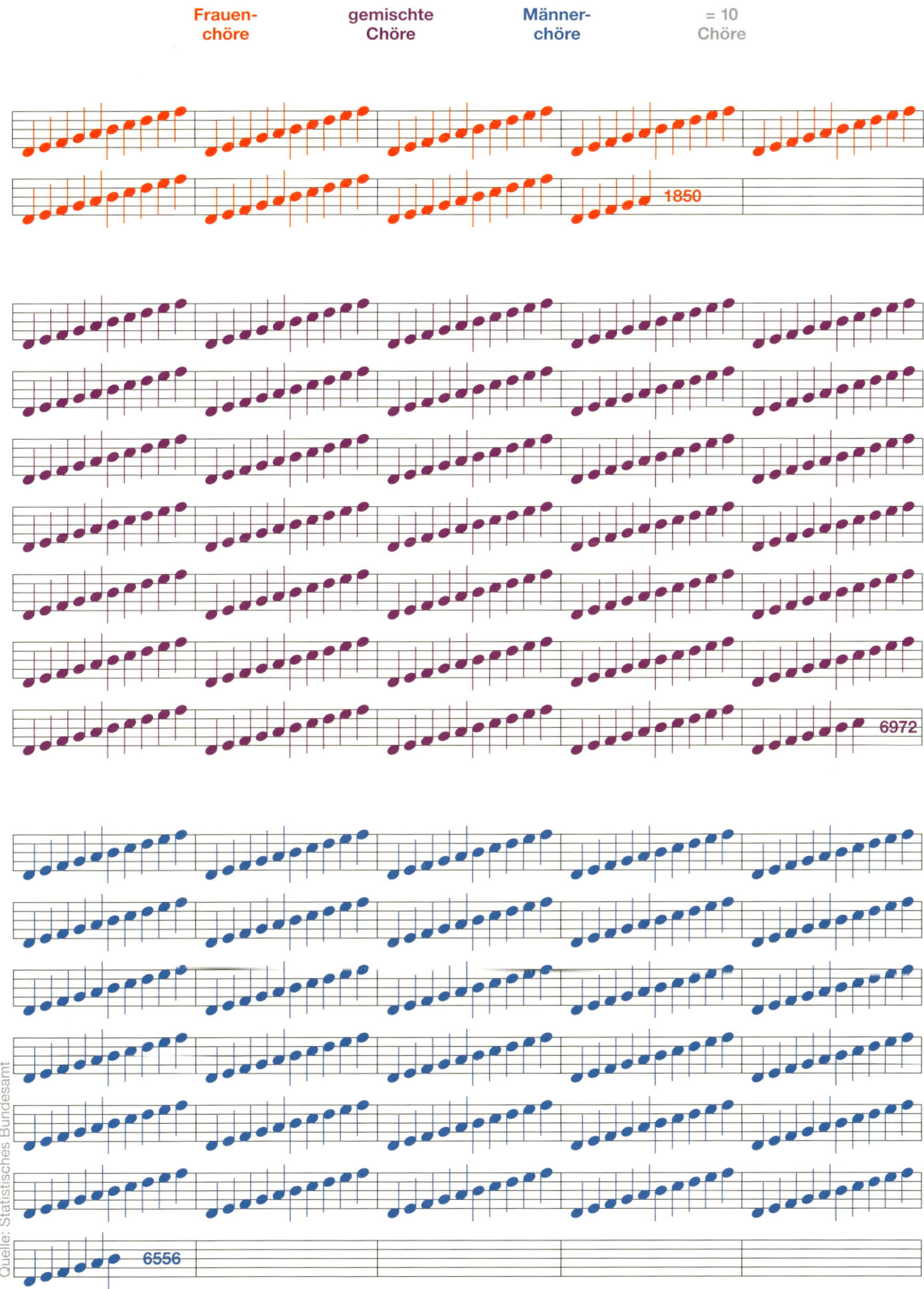

Frauen-
chöre

gemischte
Chöre

Männer-
chöre

= 10
Chöre

1850

6972

6556

Quelle: Statistisches Bundesamt

MORDE IN DER PARTNERSCHAFT

**Wenn ein Mann oder eine Frau in Deutschland
getötet wird: Wie oft ist dann die Partnerin oder
der Partner die Täterin oder der Täter?**

313
Morde an
Frauen

154
(49,2%)
Täter:
Partner

Ex-Partner sind ebenfalls berücksichtigt. Angaben für das Jahr 2011

349
Morde an
Männern

24
(6,9%)
Täter:
Partnerin

Quelle: Bundeskriminalamt

UNTERHOSEN

Jahresproduktion in Deutschland

Jede Unterhose steht
für 100 000 Unterhosen

AKADEMISCHE KARRIEREN
Wer schafft es vom Studenten zum Professor?

80

70

60

50

40

30

20

Anteil von Frauen und Männern in Prozent
in der jeweiligen akademischen Gruppe

10

Untersucht wurde der Zeitraum von 1990 (Studienbeginn)
bis 2010 (Berufung zum Professor oder zur Professorin)

0

Schulabgänger mit
Studienberechtigung

Studienanfänger/innen

Studentinnen und
Studenten

Abschlussprüfungen

Promotionen

Quelle: GESIS – Leibniz-Institut für Sozialwissenschaften (mit Statistischem
Bundesamt und Gemeinsamer Wissenschaftskonferenz)

Hauptberufliches
wissenschaftliches und
künstlerisches Personal

Habilitationen

Berufungen

Professuren

C4-/W3-
Professuren

WASCHMITTELWERBUNG

Was passiert in den aktuellen Fernsehspots der großen Marken?

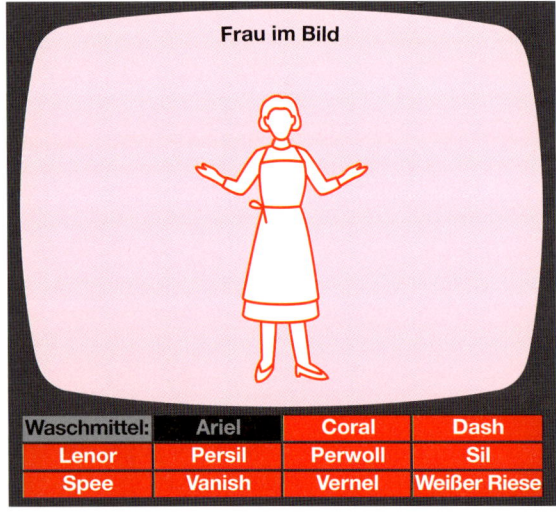

Frau im Bild

Waschmittel:	Ariel	Coral	Dash
Lenor	Persil	Perwoll	Sil
Spee	Vanish	Vernel	Weißer Riese

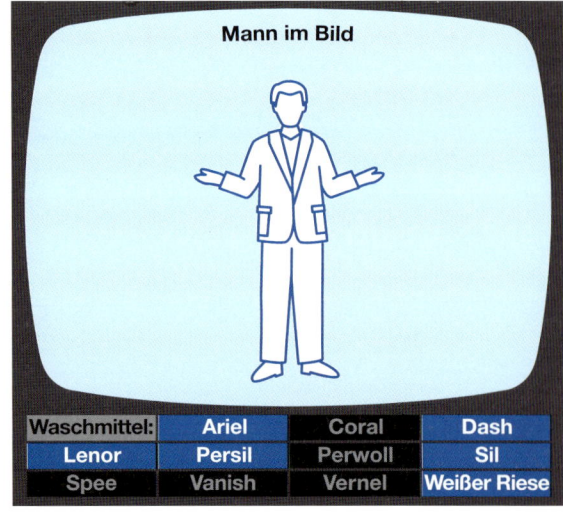

Mann im Bild

Waschmittel:	Ariel	Coral	Dash
Lenor	Persil	Perwoll	Sil
Spee	Vanish	Vernel	Weißer Riese

Frau in Kontakt mit Schmutzwäsche

Waschmittel:	Ariel	Coral	Dash
Lenor	Persil	Perwoll	Sil
Spee	Vanish	Vernel	Weißer Riese

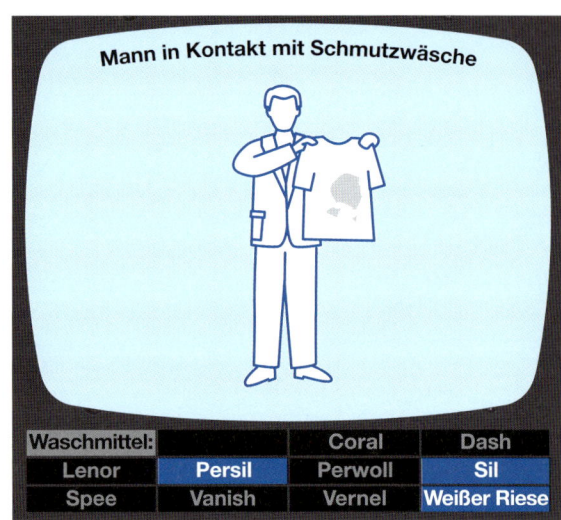

Mann in Kontakt mit Schmutzwäsche

Waschmittel:		Coral	Dash
Lenor	Persil	Perwoll	Sil
Spee	Vanish	Vernel	Weißer Riese

Frau an der Waschmaschine aktiv

Waschmittel:	Ariel	Coral	Dash
Lenor	Persil	Perwoll	Sil
Spee	Vanish	Vernel	Weißer Riese

Mann an der Waschmaschine aktiv

Waschmittel:		Coral	Dash
Lenor	Persil	Perwoll	Sil
Spee	Vanish	Vernel	Weißer Riese

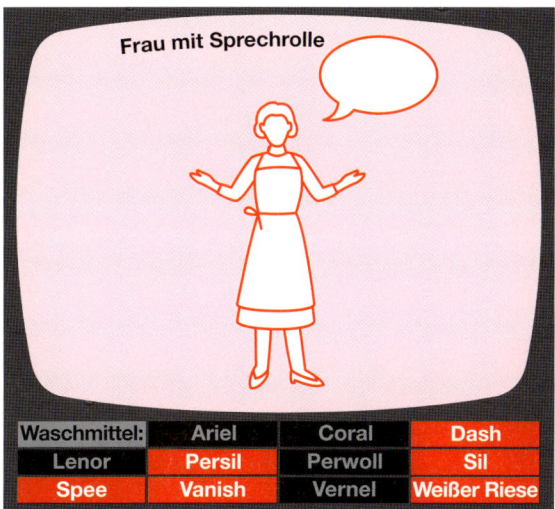

Frau mit Sprechrolle

Waschmittel:	Ariel	Coral	**Dash**
Lenor	**Persil**	Perwoll	**Sil**
Spee	**Vanish**	Vernel	**Weißer Riese**

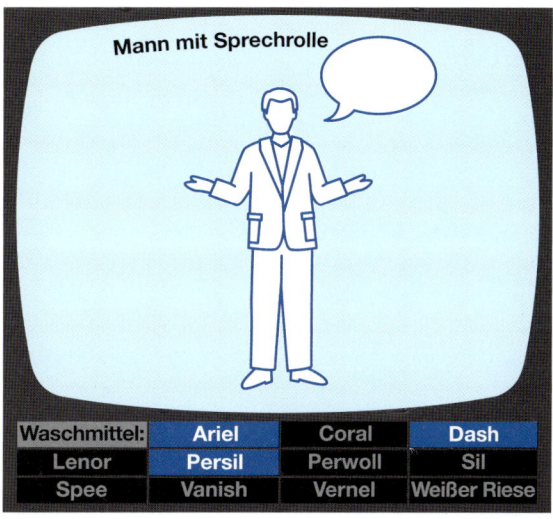

Mann mit Sprechrolle

Waschmittel:	**Ariel**	Coral	**Dash**
Lenor	**Persil**	Perwoll	Sil
Spee	Vanish	Vernel	Weißer Riese

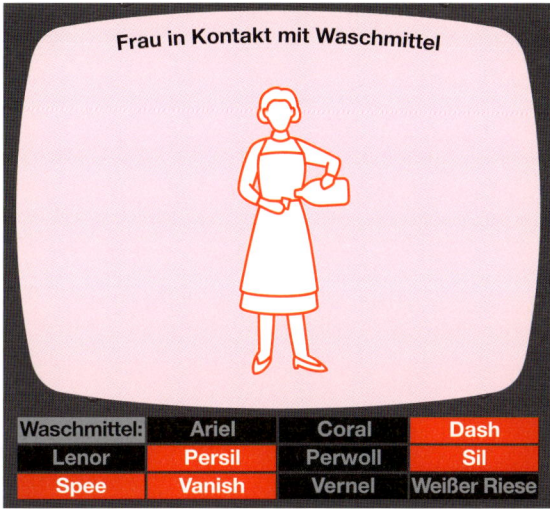

Frau in Kontakt mit Waschmittel

Waschmittel:	Ariel	Coral	**Dash**
Lenor	**Persil**	Perwoll	**Sil**
Spee	**Vanish**	Vernel	Weißer Riese

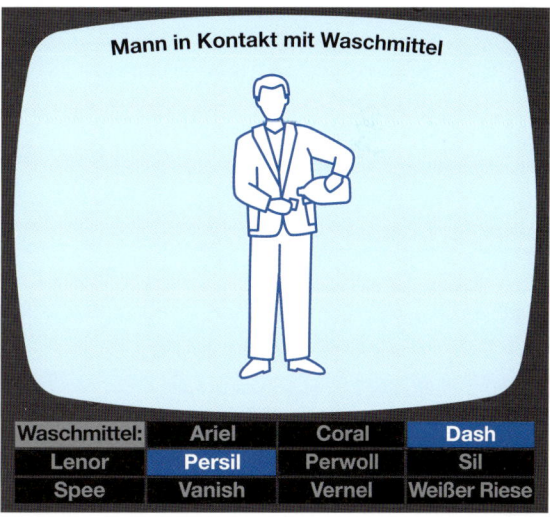

Mann in Kontakt mit Waschmittel

Waschmittel:	Ariel	Coral	**Dash**
Lenor	**Persil**	Perwoll	Sil
Spee	Vanish	Vernel	Weißer Riese

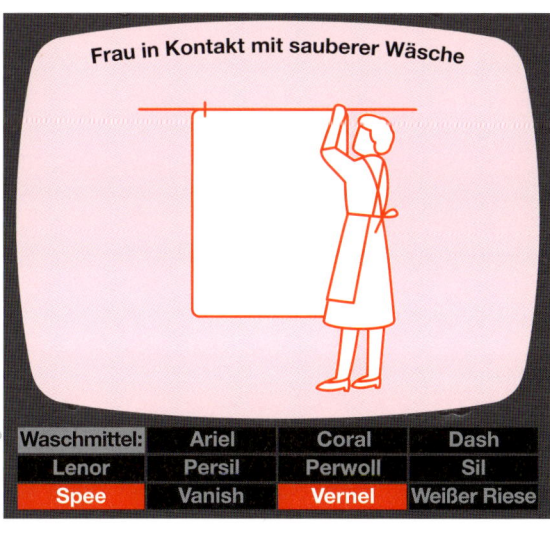

Frau in Kontakt mit sauberer Wäsche

Waschmittel:	Ariel	Coral	Dash
Lenor	Persil	Perwoll	Sil
Spee	Vanish	**Vernel**	Weißer Riese

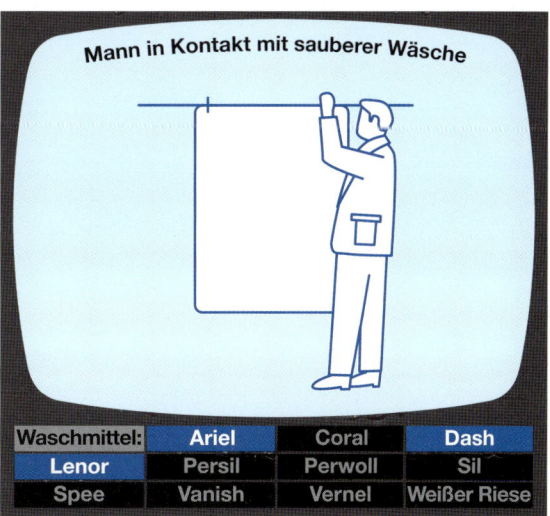

Mann in Kontakt mit sauberer Wäsche

Waschmittel:	**Ariel**	Coral	**Dash**
Lenor	Persil	Perwoll	Sil
Spee	Vanish	Vernel	Weißer Riese

Quelle: Eigene Recherchen

LEISTUNGSKURSE

Welche Fächer wählen Abiturientinnen und Abiturienten in Deutschland?

MÄDCHEN

Deutsch 21,2

Englisch 20,3

Französisch 3,2

Andere moderne Fremdsprachen 1,4

Latein und andere antike Sprachen 0,9

Mathematik 11,6

Informatik 0,1

Biologie 12,1

Chemie 2,5

Physik 1,7

Andere naturwissenschaftlich-technische Fächer 0,0

Erdkunde 3,5

Geschichte 7,0

Sozialkunde/Gesellschaftslehre/Politik 3,8

Wirtschaft 0,6

Psychologie, Pädagogik 3,6

Musik 0,9

Kunst 4,1

Sport 1,1

Evangelische Religion 0,2

Katholische Religion 0,1

Ethik/Philosophie 0,1

Quelle: Kultusministerkonferenz

JUNGEN

Deutsch 14,0

Englisch 16,3

Französisch 1,0

Andere moderne Fremdsprachen 0,7

Latein und andere antike Sprachen 0,7

Mathematik 18,4

Informatik 0,6

Biologie 10,3

Chemie 4,2

Physik 6,9

Andere naturwissenschaftlich-technische Fächer 0,1

Erdkunde 5,1

Geschichte 9,5

Sozialkunde/Gesellschaftslehre/Politik 5,7

Wirtschaft 0,8

Psychologie, Pädagogik 1,2

Musik 0,6

Kunst 1,1

Sport 2,5

Evangelische Religion 0,1

Katholische Religion 0,1

Ethik/Philosophie 0,1

WER PFLEGT DIE VERWANDTEN?

Wenn Angehörige alt oder krank werden – wer übernimmt dann die Pflege?

Quelle: BARMER GEK Pflegereport 2012

Frauen: 340 562

Anzahl von Männern und Frauen, die sich um eine alte oder kranke Person im privaten Umfeld kümmern (meist Kinder um ihre Eltern) – ohne Menschen, die selbst bereits Rentner sind

Männer: 39 699

PARFUMS

Welche Namen tragen Frauen-
und Männerdüfte?

Angel

Beauty

Black Orchid

Calèche

Candy

Classique

Crystal Noir

Dahlia Noir

Daisy

Délices de Cartier

Deep Red

First

Flora

Flower

Flowerbomb

Idole

Incredible Me

Ivoire

J'adore

Le Bain

Le Parfum

Love, Chloé

Loverdose

Marry me

Nina

N° 5

Omnia

Paris

Peach Blossom

Romance

Rose the one

Princess

Sensations

Shalimar

Signorina

Stella

Touch of Pink

Trésor

Valentina

Velvet Forest Wood

Wish

YSL Paris

Quelle: Eigene Recherchen

Angegeben sind nur Parfums, die nicht für beide Geschlechter erhältlich sind (for her/for him)

Aqva pour Homme
Attitude
Bang
Carbone
Challenge
Champion
Dangerous Man
Dark Blue
Eau Sauvage
Encounter
Egoïste
Equipage
Extreme
Freedom
Gentleman
Héritage
Instinct
Jump
Le Male
Luna Rossa
L'Homme
M7
Only the Brave
Polo
Power
Santos
Rocky Mountain Wood
Secret Mission
The One Gentleman
Tsar
Uomo?
Z Zegna

LIEBLINGSBÜCHER

**Welches Genre Frauen und
Männer am liebsten lesen**

Der Kreis gibt an, wie
viel Prozent der Befragten
sich ohne Unterscheidung
des Geschlechts für ein
Genre interessieren –
von 16 Prozent für Lyrik
bis 62 Prozent für
Nachschlage-
werke

Frauen- und **Männeranteil**
der Interessenten in Prozent

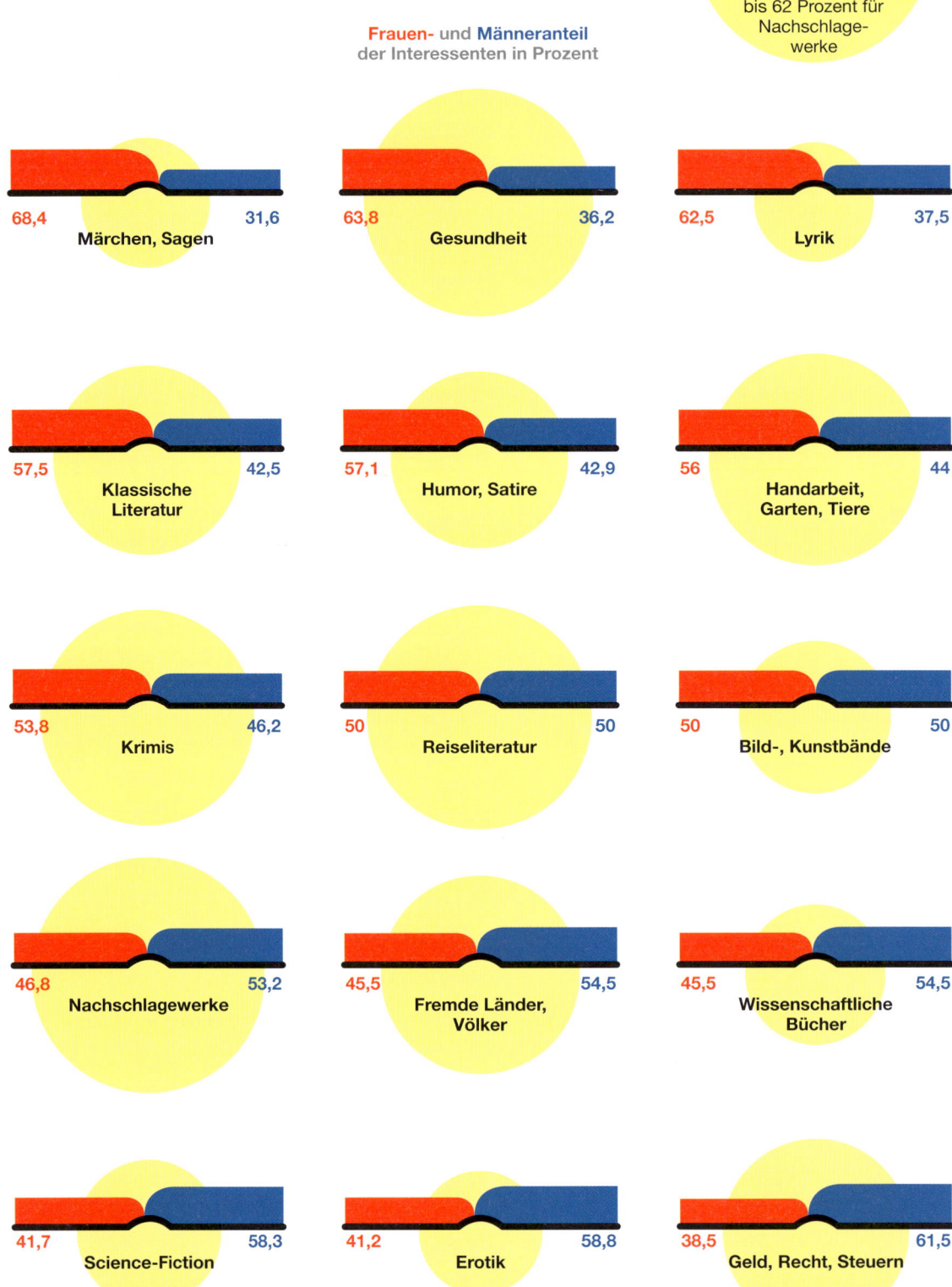

68,4 **Märchen, Sagen** 31,6	63,8 **Gesundheit** 36,2	62,5 **Lyrik** 37,5
57,5 **Klassische Literatur** 42,5	57,1 **Humor, Satire** 42,9	56 **Handarbeit, Garten, Tiere** 44
53,8 **Krimis** 46,2	50 **Reiseliteratur** 50	50 **Bild-, Kunstbände** 50
46,8 **Nachschlagewerke** 53,2	45,5 **Fremde Länder, Völker** 54,5	45,5 **Wissenschaftliche Bücher** 54,5
41,7 **Science-Fiction** 58,3	41,2 **Erotik** 58,8	38,5 **Geld, Recht, Steuern** 61,5

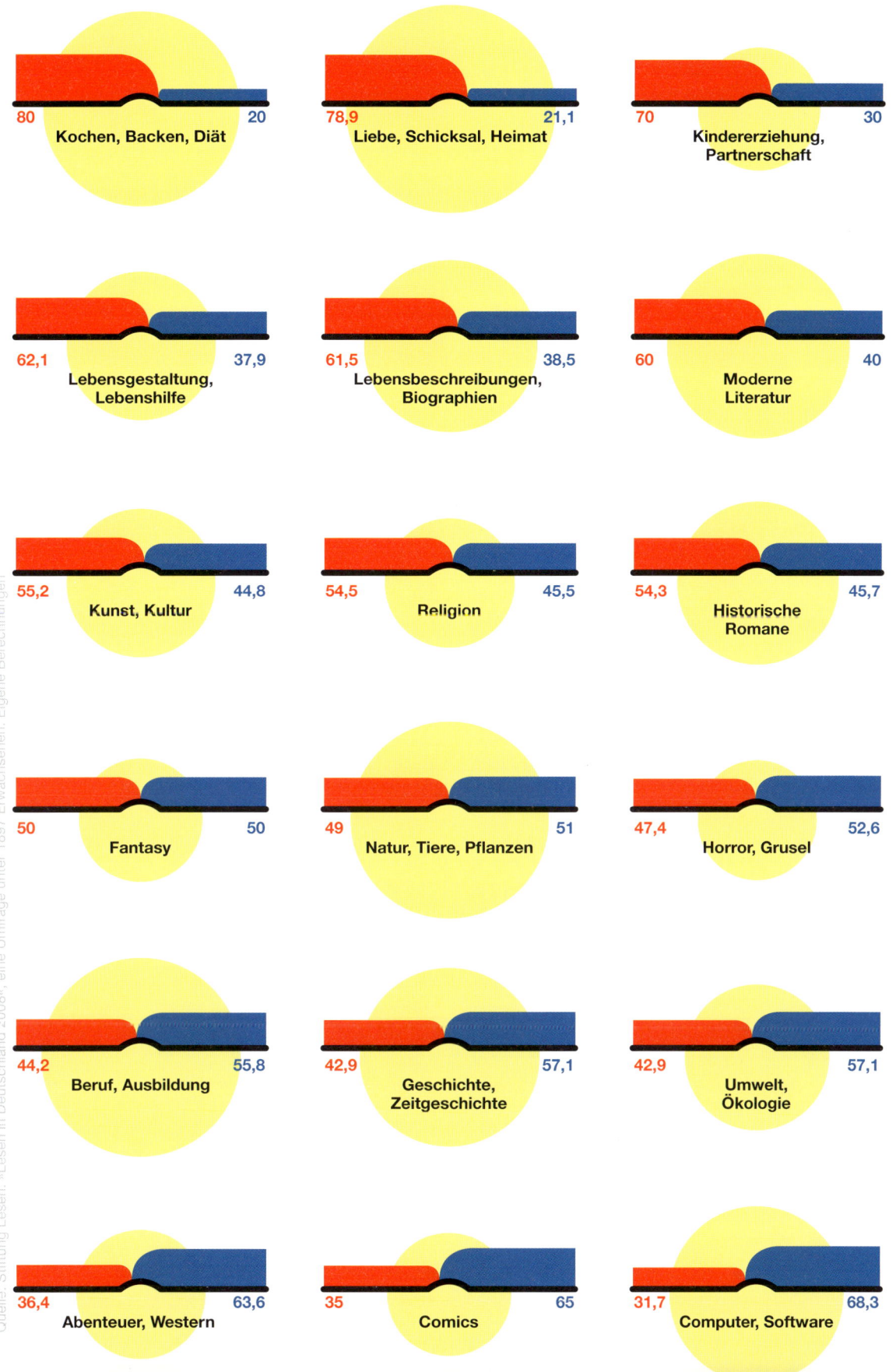

80 Kochen, Backen, Diät **20**

78,9 Liebe, Schicksal, Heimat **21,1**

70 Kindererziehung, Partnerschaft **30**

62,1 Lebensgestaltung, Lebenshilfe **37,9**

61,5 Lebensbeschreibungen, Biographien **38,5**

60 Moderne Literatur **40**

55,2 Kunst, Kultur **44,8**

54,5 Religion **45,5**

54,3 Historische Romane **45,7**

50 Fantasy **50**

49 Natur, Tiere, Pflanzen **51**

47,4 Horror, Grusel **52,6**

44,2 Beruf, Ausbildung **55,8**

42,9 Geschichte, Zeitgeschichte **57,1**

42,9 Umwelt, Ökologie **57,1**

36,4 Abenteuer, Western **63,6**

35 Comics **65**

31,7 Computer, Software **68,3**

Quelle: Stiftung Lesen: »Lesen in Deutschland 2008«, eine Umfrage unter 1897 Erwachsenen. Eigene Berechnungen

ONLINE-LÜGEN

**Wie dick wird bei welchen Angaben
im Online-Dating gelogen?**

FRAUEN

Größe 4,3

Alter 7,6

Gewicht 16,3

Art der gesuchten Beziehung 5,5

Familienstand 4,8

Kinderzahl 3,7

Bildung 4,7

Foto 6,0

Geschlecht 3,9

Häufigkeiten unwahrer Angaben je Merkmal in Prozent

MÄNNER

Größe 7,8

Alter 11,8

Gewicht 14,2

Art der gesuchten Beziehung 9,9

Familienstand 7,7

Kinderzahl 5,7

Bildung 7,1

Foto 8,1

Geschlecht 6,0

Quelle: Doreen Zillmann, Andreas Schmitz und Hans-Peter Blossfeld: »Lügner haben kurze Beine. Zum Zusammenhang unwahrer Selbstdarstellung und partnerschaftlicher Chancen im Online-Dating«, 2011

KOPFTÜCHER UND SCHLEIER

Wo sind welche verbreitet?

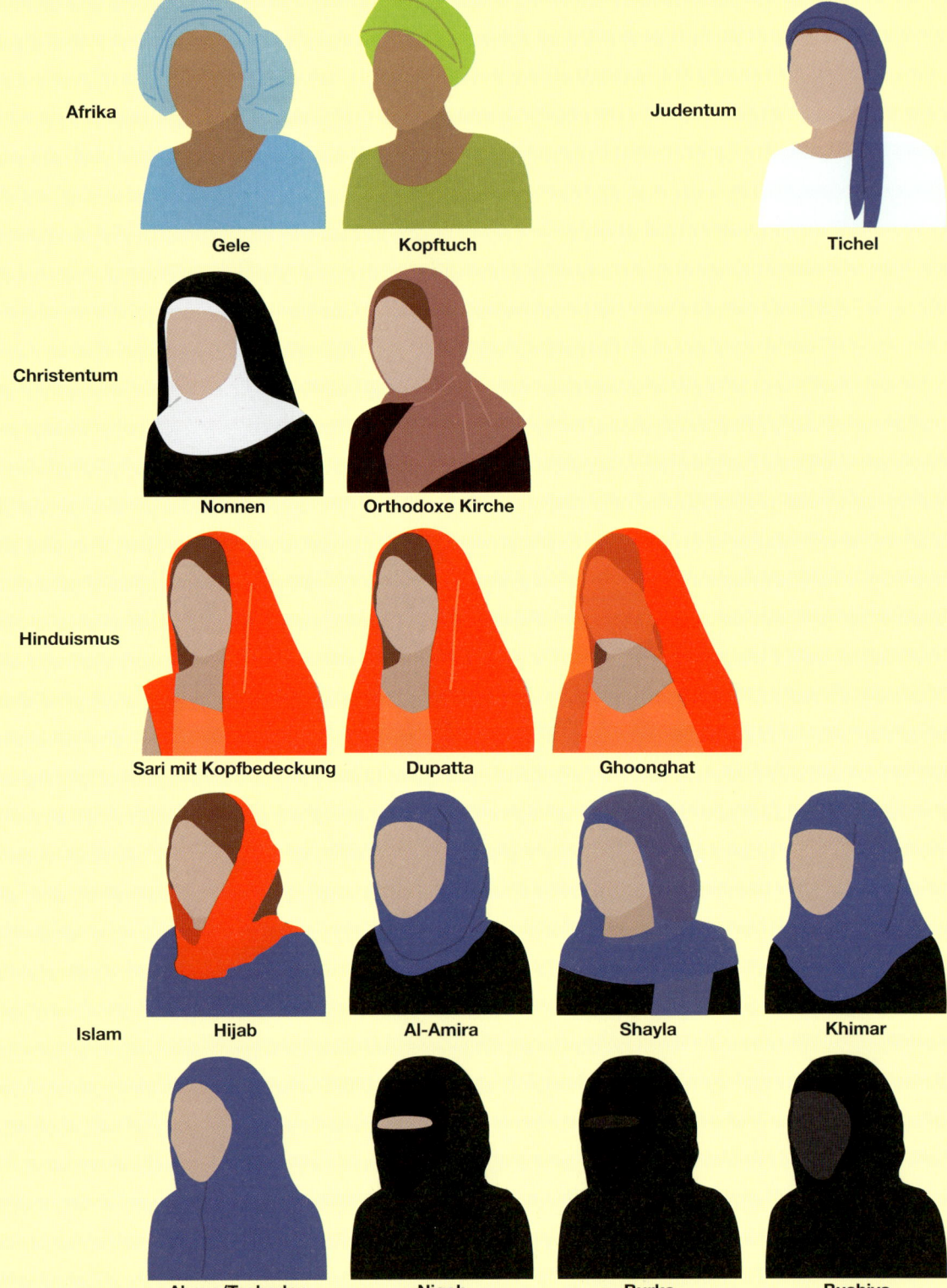

Afrika — Gele — Kopftuch

Judentum — Tichel

Christentum — Nonnen — Orthodoxe Kirche

Hinduismus — Sari mit Kopfbedeckung — Dupatta — Ghoonghat

Islam — Hijab — Al-Amira — Shayla — Khimar

Abaya/Tschador — Niqab — Burka — Bushiya

Dargestellt sind Kopfbedeckungen, die aus einem Tuch bestehen, gewickelt oder nicht – Mützen und Kappen also z. B. nicht

Verbreitungen nach Religion und Regionen

Afghanistan

Lungee

Schesch

Kufiya

Arabischer
Raum,
Sahara

Kreta

Sariki

Oman

Mussar

Dumalla

Dastar

Sikkhismus

Quelle: Eigene Recherchen

DAS HIT-VOKABULAR

**Welche Wörter kamen in den erfolgreichsten
Songs am häufigsten vor?**

Liebe
Tiritomba
Paris
Cindy
Nacht
sehen
Spiel
Herz
Tag
love
Sonne
scheinen
Sterne
Regen
Freiheit
lieben
traurig
Licht
kennen
Ferne

day
downtown
Milord
Mann
Cowboy
allein
leben
Herz
Welt
Rosen
Tor
Tag
say
Nacht
weiß
Liebe
Bossa
nova
Darling
Chiquitita
Liebeskummer

crash
honey
know
time
love
come
sing
go
night
feel
thing
Fernando
kiss
waterloo
bump
Tag
lady
dance
make

1970er 1960er 1950er

voyage
take
get
night
love
feel
dance
baby
town
know
call
make
talk
funky
come
venus
energy
say
keep
right
play
way

1980er

Von
Frauen
gesungen

big
real
know
feel
go
bailando
adios
give
head
wish
see
get
love
still
world
meet
dark
sweet
kiss
lucky

1990er 2000er 2010er

baby
miss

love
face
read
get
stay
thing
bleed
heart
know
Schnappi
time
head
perfekt
day
girl
feel
stop
beat
feel
wish
go
beat
beautiful
play
bring
roll
fall
sky
make
deep
bright
shine
love
diamond
follow

Ausgewertet wurden die Deutschen Single-
Jahres-Charts von 1956 bis 2012 – pro Jahr
jeweils die zwei erfolgreichsten von Männern
und Frauen gesungenen Lieder.
Dabei sind nur Substantive, Namen, Haupt-
verben und Adjektive berücksichtigt

Von Männern gesungen

1950er 1960er 1970er 1980er 1990er 2000er 2010er

day
come
schön
go
say
home
daylight
foot
Zeit
Tom
Juanita
Niña
Welt
Heimat
tot
Freunde
weit
Anita
Liebe
fremd

love
hand
night
hold
banjo
boy

Marina
Mendocino
know
Junge
denken
Misses Applebee
Eloise
Sonne
Mann
Haus
kennen
Ramona
darling

born
love
alive
baby
take
fox
butterfly
sing
Alice
go
Zug
sagen
Orzowei
fahren
Arm
come
rock
gehen
wissen
bump
Tag
relax

love
girl
life
worry
come
happy
live
fade
true
grey
word
easy
rock
heart
time
call
know
little
know
turn
take
feel
get
come
lonely
stop
allein
time

life
blue
love
know
think
little
hurt
live
baby
sexy
Aicha
bitch
damn
call
come
know
mama
chola
get
feel
kommen
microphone take
say
know
Eckstein wundern
Zeit
go
love
tell
wertvoll
story
dream
delicia
mata
pain
day
geboren
think
pegar
old
leben
baby

lonely
Hamma
love
rock
girl
lonely
Hamma
love

BILDUNGSUNTERSCHIEDE

Wenn Paare heiraten – wer hat dann den höheren Bildungsabschluss, sie oder er?

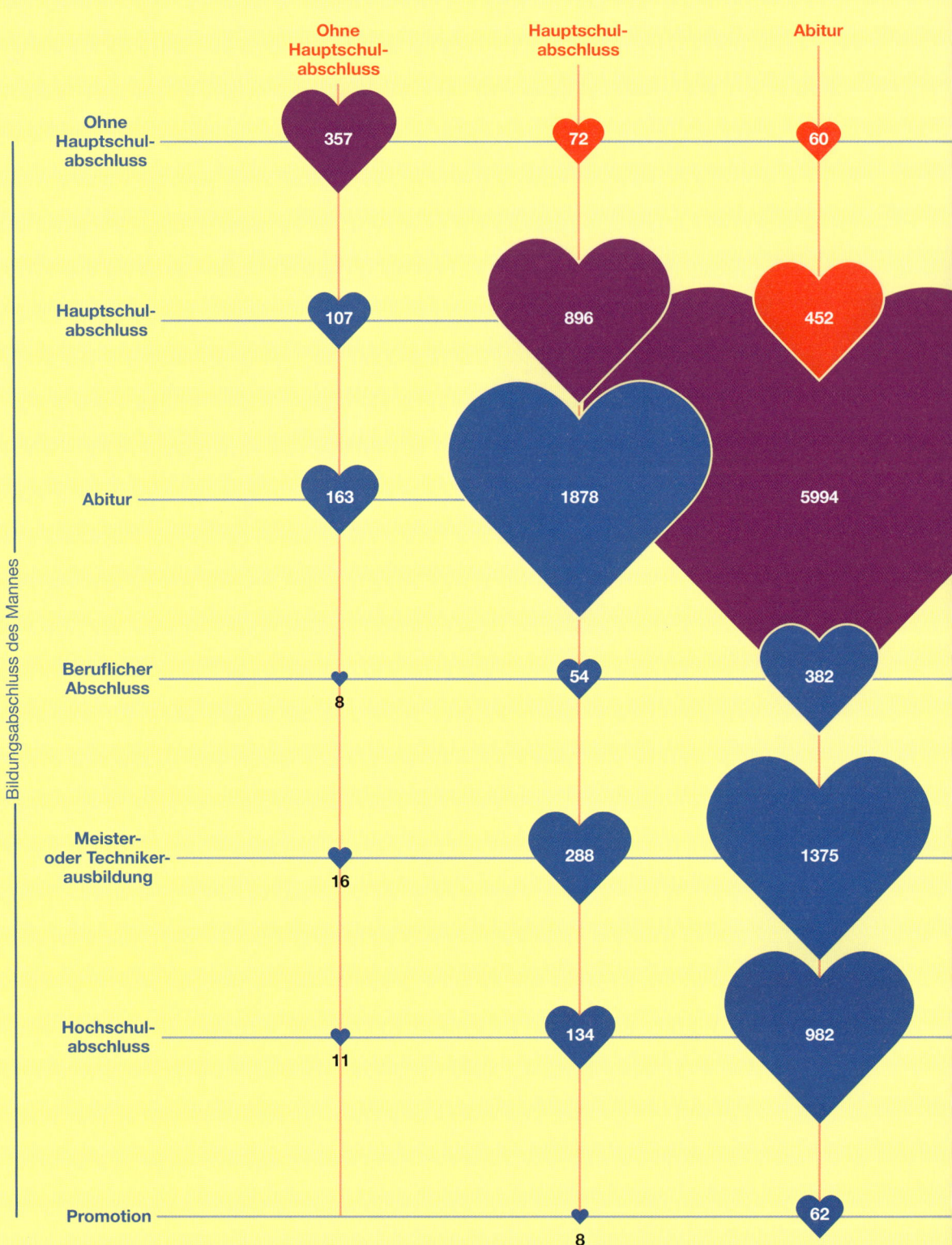

Bildungsabschluss des Mannes

Ohne Hauptschulabschluss

Hauptschulabschluss

Abitur

	Ohne Hauptschul-abschluss	Hauptschul-abschluss	Abitur
Ohne Hauptschul-abschluss	357	72	60
Hauptschul-abschluss	107	896	452
Abitur	163	1878	5994
Beruflicher Abschluss	8	54	382
Meister- oder Techniker-ausbildung	16	288	1375
Hochschul-abschluss	11	134	982
Promotion		8	62

Quelle: Statistisches Bundesamt

Rote Herzen = Frau
hat höheren Abschluss

Blaue Herzen = Mann
hat höheren Abschluss

Violette Herzen =
gleich hohe Abschlüsse

Anzahl der Ehepaare in 1000
im Jahr 2011

Bildungsabschluss der Frau

Beruflicher Abschluss

Meister- oder Technikerausbildung

Hochschul- abschluss

Promotion

URLAUBSZIELE

**Wie groß ist wo der Frauen- und der
Männeranteil der deutschen Urlauber?**

Quelle: Forschungsgemeinschaft Urlaub und Reisen, Reiseanalyse und eigene Berechnungen

Slowenien
49,7 50,3

Ungarn
49,7 50,3

Türkei
49,7 50,3

Nordafrika
51,7 48,3

Schweiz
52,1 47,9

Dänemark
52,5 47,5

Griechenland
53,6 46,4

Deutschland
54,4 45,6

Frankreich
54,7 45,3

Bulgarien
56,0 44,0

Russland
56,3 43,7

Niederlande
56,9 43,1

Großbritannien
59,7 40,3

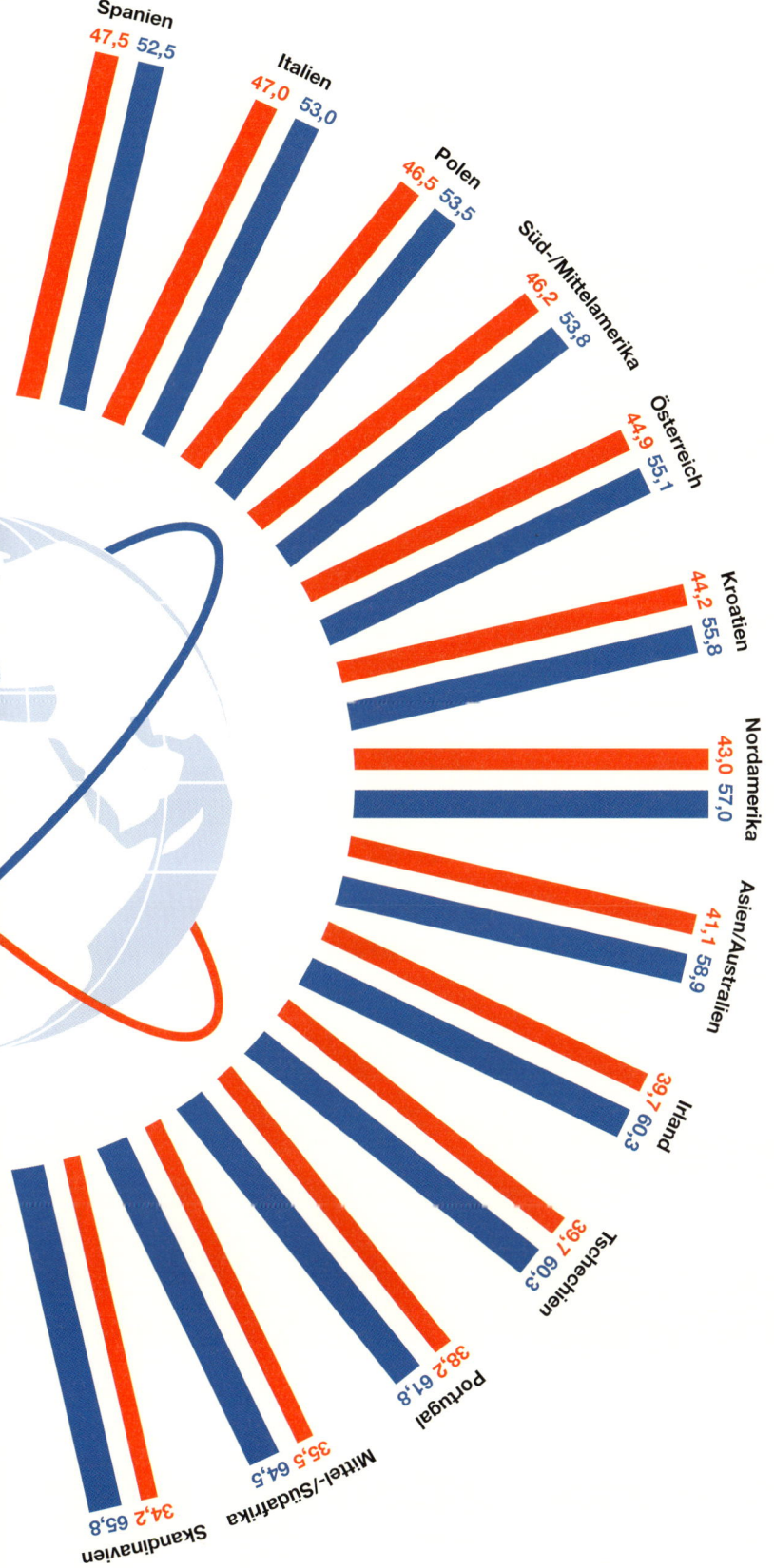

Rot: Frauen
Blau: Männer
Angaben
in Prozent

Spanien
47,5 52,5

Italien
47,0 53,0

Polen
46,5 53,5

Süd-/Mittelamerika
46,2 53,8

Österreich
44,9 55,1

Kroatien
44,2 55,8

Nordamerika
43,0 57,0

Asien/Australien
41,1 58,9

Irland
39,7 60,3

Tschechien
39,7 60,3

Portugal
38,2 61,8

Mittel-/Südafrika
35,5 64,5

Skandinavien
34,2 65,8

KINDERFERNSEHEN
Welches Geschlecht haben die Helden?

Rot weiblich, blau männlich, Angaben in Prozent

46 **Menschen** 54

23 **Magische Wesen** 77

25 **Tiere** 75

21 **Nicht-lebende Helden** 79

Quelle: Medienanalyse Diversity im deutschen Kinderfernsehen IZI 2011

AUSZEICHNUNGEN UND PREISE

Wie viele Jahre seit der ersten Verleihung mussten Frauen warten,
bis sie zum ersten Mal den jeweiligen Preis gewannen?

MTV Video Music Award für Video of the Year (6)

Egon-Erwin-Kisch-Preis (1. Platz) (12)

Turner-Preis (9)

Nobelpreis für Wirtschaft (40)

Grimme-Preis (2)

Grammy für Album of the Year (3)

Grammy für Record of the Year (9)

Hans-Christian-Andersen-Preis (0)

World Press Photo Award für Pressefoto des Jahres (21)

Bundesverdienstkreuz (0)

Goldener Bär (24)

Friedenspreis des Deutschen Buchhandels (15)

Bambi (0)

Alle Angaben in Jahren

In Klammern: Jahre,
bis die erste Frau den
Preis gewann

- Film
- Kunst
- Literatur
- Medien
- Musik
- Politik
- Wissenschaft

Nobelpreis für Physik (2)

Nobelpreis für Literatur (8)

Nobelpreis für Frieden (4)

Nobelpreis für Chemie (10)

Nobelpreis für Medizin/Physiologie (46)

Pulitzer-Preis für Journalismus (20)

Pulitzer-Preis für Poesie (0)

Pulitzer-Preis für Roman (3)

Georg-Büchner-Preis (24)

Oscar für Regie (81)

Pulitzer-Preis für Musik (40)

Golden Globe Award für Regie (40)

Goldene Palme (0)

Goldener Löwe (35)

Quelle: Eigene Recherchen

TABLETTENKONSUM

Anteil der Menschen, die regelmäßig Mediamente nehmen

FRAUEN

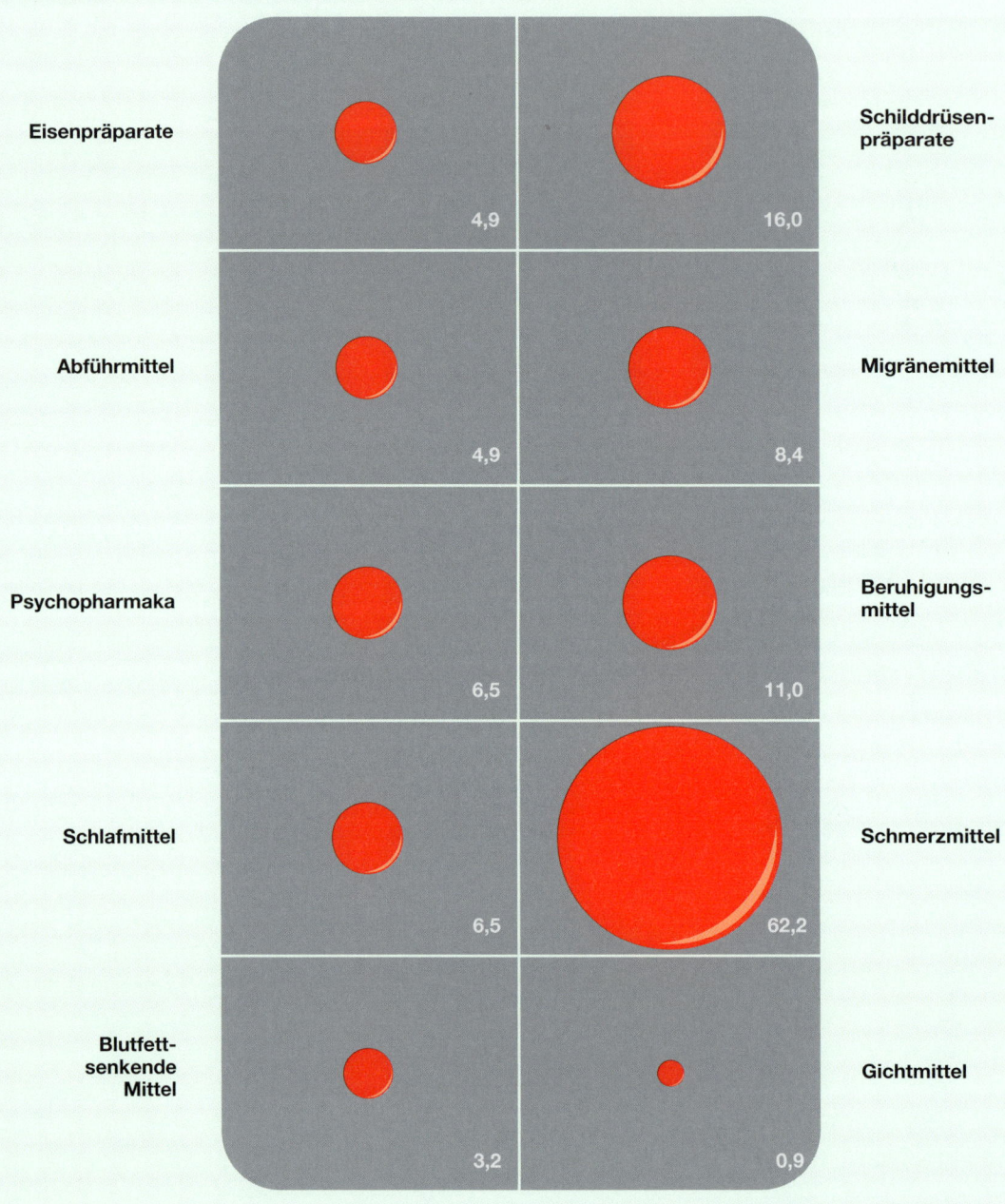

Eisenpräparate — 4,9	Schilddrüsen-präparate — 16,0
Abführmittel — 4,9	Migränemittel — 8,4
Psychopharmaka — 6,5	Beruhigungs-mittel — 11,0
Schlafmittel — 6,5	Schmerzmittel — 62,2
Blutfett-senkende Mittel — 3,2	Gichtmittel — 0,9

Angaben in Prozent

MÄNNER

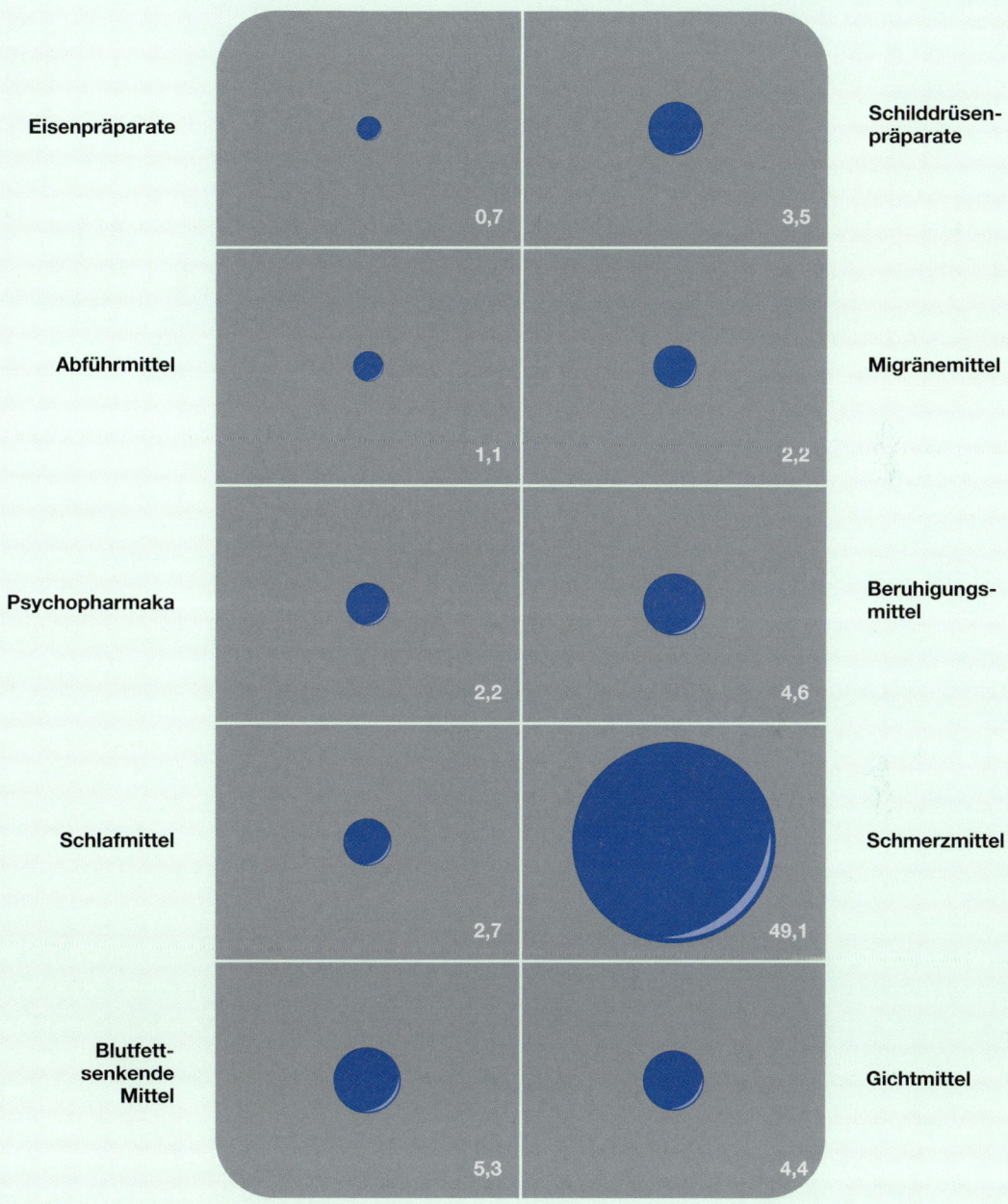

Eisenpräparate — 0,7	Schilddrüsen-präparate — 3,5
Abführmittel — 1,1	Migränemittel — 2,2
Psychopharmaka — 2,2	Beruhigungs-mittel — 4,6
Schlafmittel — 2,7	Schmerzmittel — 49,1
Blutfett-senkende Mittel — 5,3	Gichtmittel — 4,4

Quelle: Robert-Koch-Institut/ BGS98

»STARKE FRAUEN«,
»STARKE MÄNNER«

Wie oft war in deutschen Printmedien
von einer »starken Frau« die Rede und
wie oft von einem »starken Mann«?

1083

Gezählt wurden Artikel von 2008 bis 2013

278

Quelle: G+J Pressedatenbank, eigene Auswertung

WIE LANGE DAUERT'S IM BAD?

Mittlere Zeit, die Männer und Frauen täglich für die Körperpflege verwenden

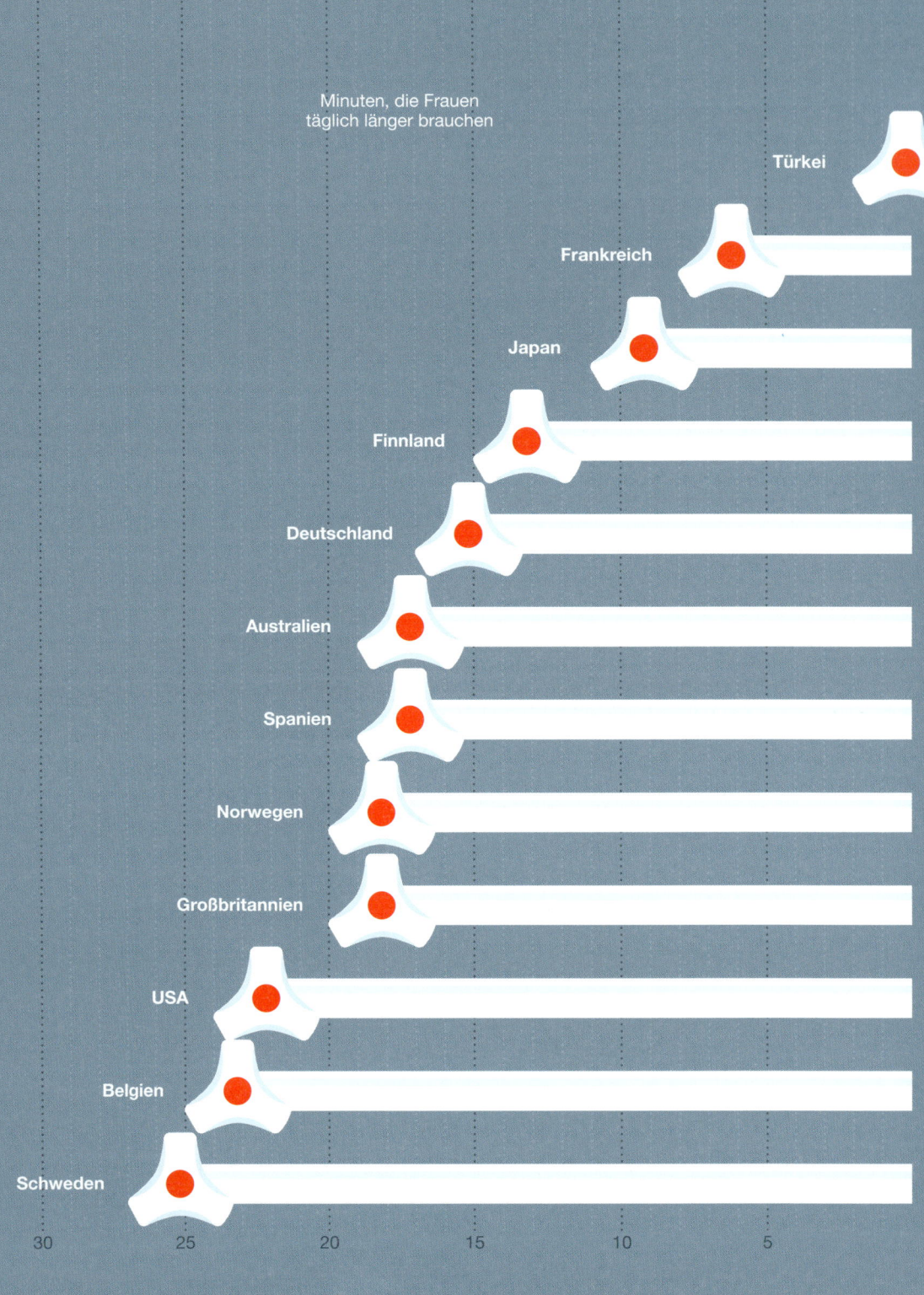

Minuten, die Frauen
täglich länger brauchen

Türkei

Frankreich

Japan

Finnland

Deutschland

Australien

Spanien

Norwegen

Großbritannien

USA

Belgien

Schweden

30   25   20   15   10   5

Mexiko

Polen

Italien

Minuten, die Männer
täglich länger brauchen

5   10   15   20   25   30

Quelle: OECD

NETZGEMEINSCHAFTEN

Wo haben sich wie viele Frauen und Männer angemeldet?

52   **Twitter**   48

49   **LinkedIn**   51

Stand Herbst 2012

58   **Facebook**   42

Anteile in Prozent

29   **Google+**   71

79   **Pinterest**   21

KEIN SEX

Wer gab an, in den vergangenen zwölf Monaten keinen Sex gehabt zu haben?

FRAUEN

Alter	Singles	Liierte	Verheiratete
18 – 24 Jahre	SEX 50,8	SEX 12,9	SEX 11,8
25 – 29 Jahre	SEX 43,0	SEX 10,6	SEX 3,5
30 – 39 Jahre	SEX 72,3	SEX 14,8	SEX 6,5
40 – 49 Jahre	SEX 71,1	SEX 20,6	SEX 8,1
50 – 59 Jahre	SEX 85,4	SEX 21,1	SEX 22,0
60 – 69 Jahre	SEX 85,4	SEX 14,8	SEX 37,9
70+ Jahre	SEX 100,0	SEX 30,8	SEX 53,5

Befragt wurden US-Amerikaner zwischen 18 und 94 Jahren

MÄNNER

Singles	Liierte	Verheiratete	Alter
SEX	**SEX**	**SEX**	18 - 24 Jahre
56,9	26,0	4,2	
SEX	**SEX**	**SEX**	25 - 29 Jahre
46,6	20,8	1,6	
SEX	**SEX**	**SEX**	30 - 39 Jahre
39,6	15,6	4,5	
SEX	**SEX**	**SEX**	40 - 49 Jahre
48,9	29,9	9,1	
SEX	**SEX**	**SEX**	50 - 59 Jahre
67,7	34,1	20,6	
SEX	**SEX**	**SEX**	60 - 69 Jahre
86,4	27,3	33,9	
SEX	**SEX**	**SEX**	70+ Jahre
81,6	26,3	54,2	

Quelle: NSSHB 2010

TÄGLICHE RATIONEN

Wie viel Gramm wovon
essen Männer und Frauen
im Durchschnitt?

Obst und
Obsterzeugnisse
278 | 230

Knabberartikel
5 | 8

Quelle: Max-Rubner-Institut, Nationale Verzehrsstudie II

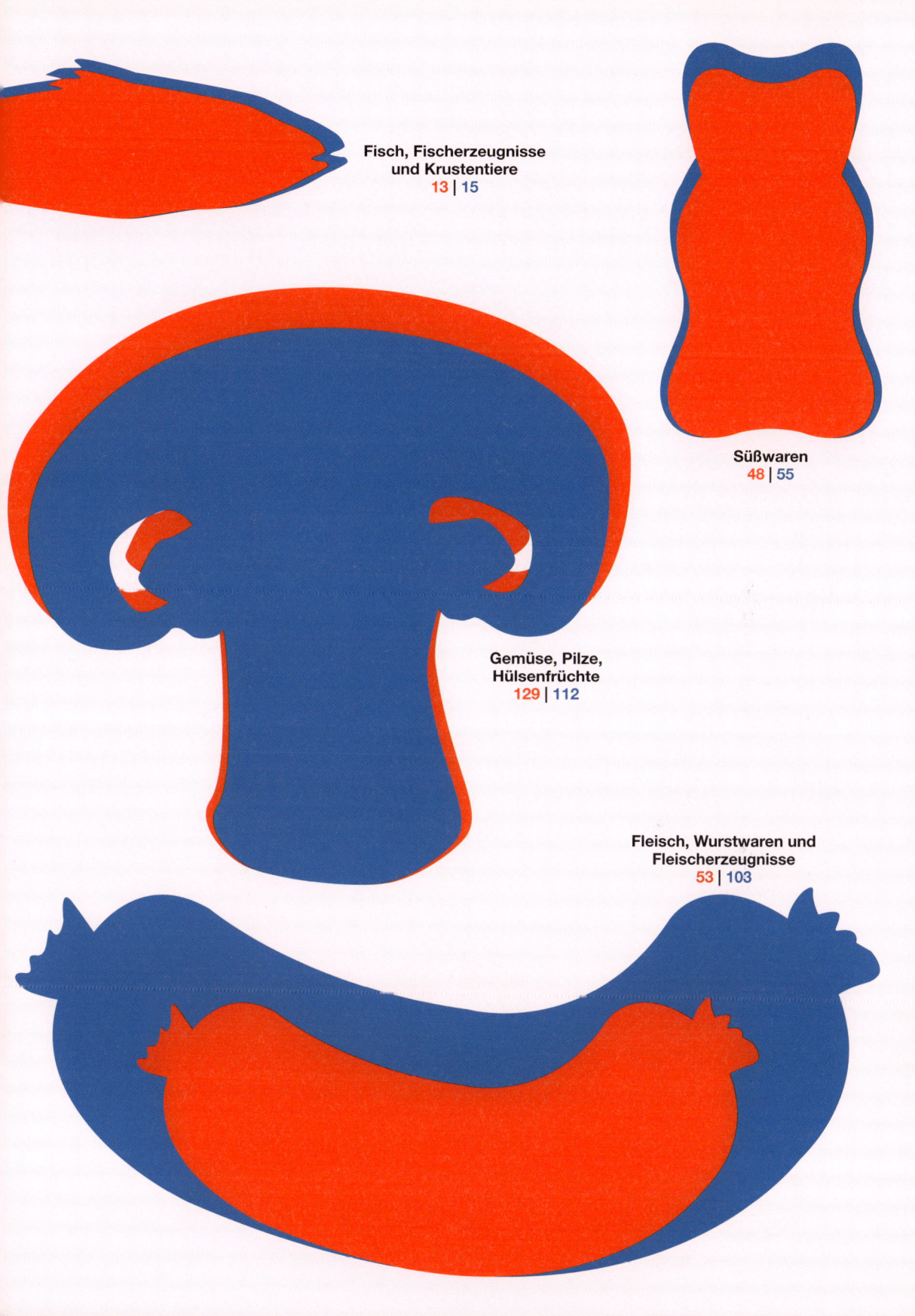

Fisch, Fischerzeugnisse
und Krustentiere
13 | 15

Süßwaren
48 | 55

Gemüse, Pilze,
Hülsenfrüchte
129 | 112

Fleisch, Wurstwaren und
Fleischerzeugnisse
53 | 103

LEBENSERWARTUNG

Um wie viele Jahre überleben Frauen die Männer – beziehungsweise umgekehrt?

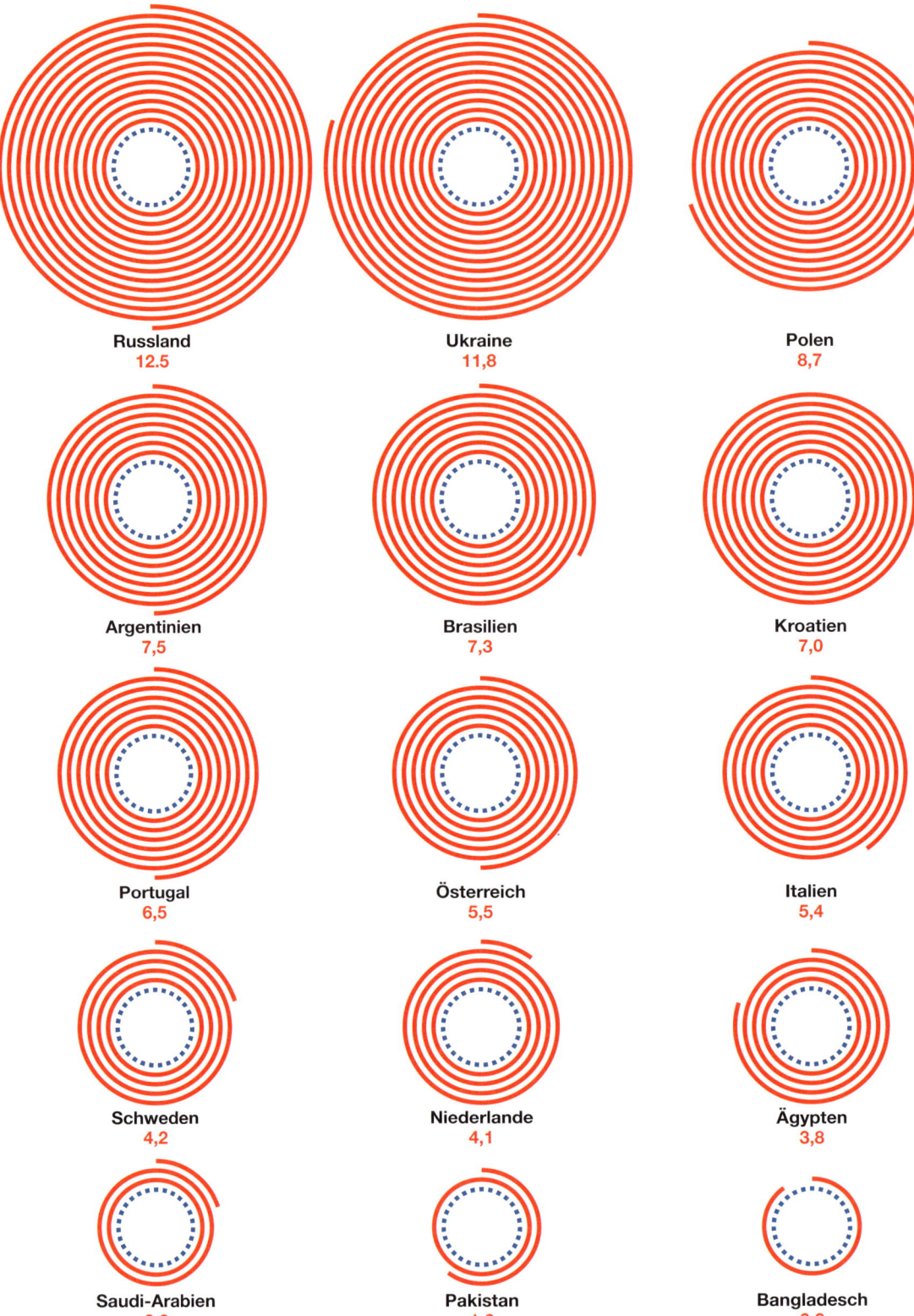

Russland 12.5	**Ukraine** 11,8	**Polen** 8,7
Argentinien 7,5	**Brasilien** 7,3	**Kroatien** 7,0
Portugal 6,5	**Österreich** 5,5	**Italien** 5,4
Schweden 4,2	**Niederlande** 4,1	**Ägypten** 3,8
Saudi-Arabien 2,2	**Pakistan** 1,6	**Bangladesch** 0,9

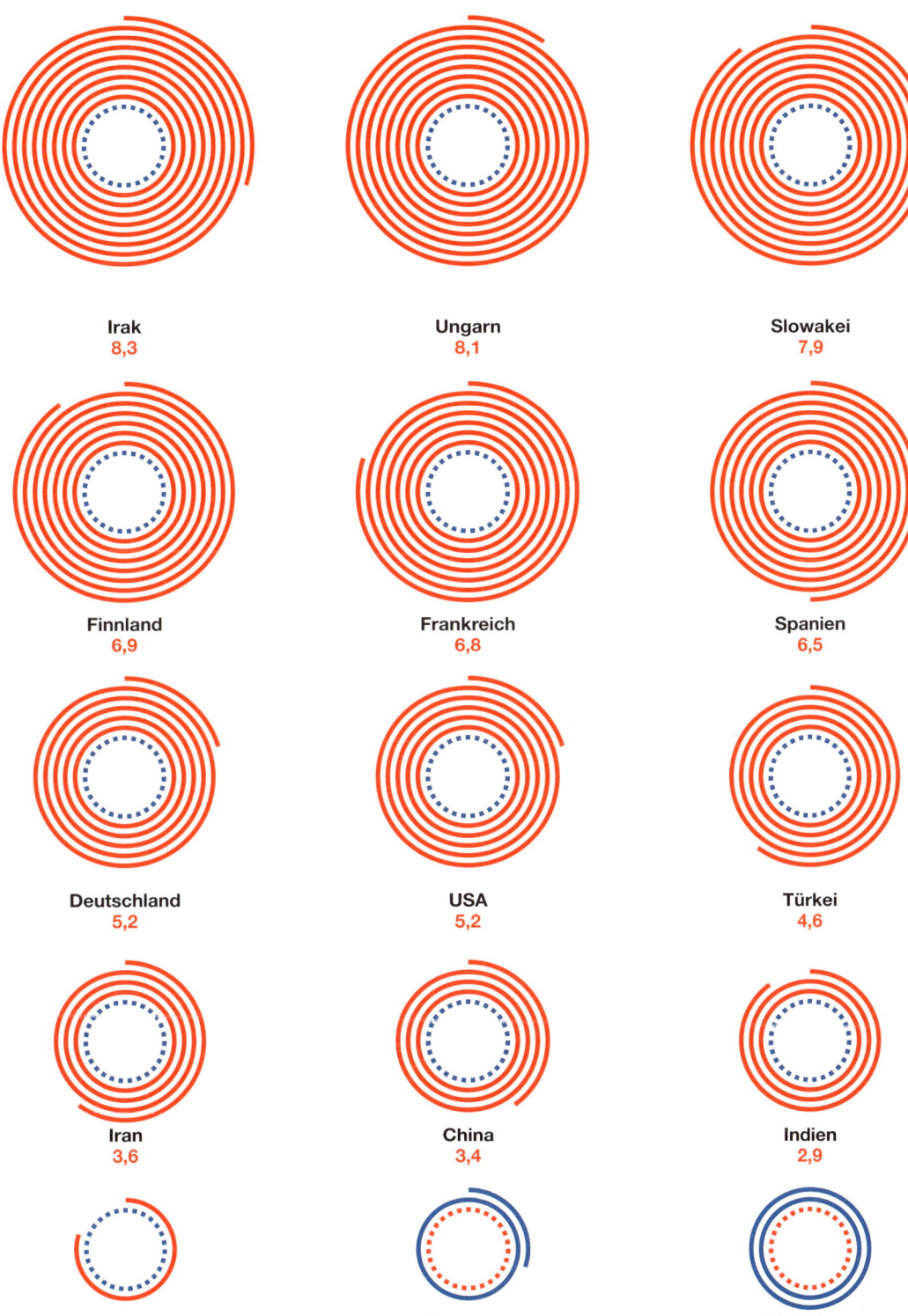

Differenz der Lebenserwartung bei Geburt
zwischen Männern und Frauen in Jahren
Frauen werden älter – rote Kreise
Männer werden älter – blaue Kreise

Irak
8,3

Ungarn
8,1

Slowakei
7,9

Finnland
6,9

Frankreich
6,8

Spanien
6,5

Deutschland
5,2

USA
5,2

Türkei
4,6

Iran
3,6

China
3,4

Indien
2,9

Katar
0,8

Botswana
1,3

Simbabwe
2,0

Quelle: Vereinte Nationen

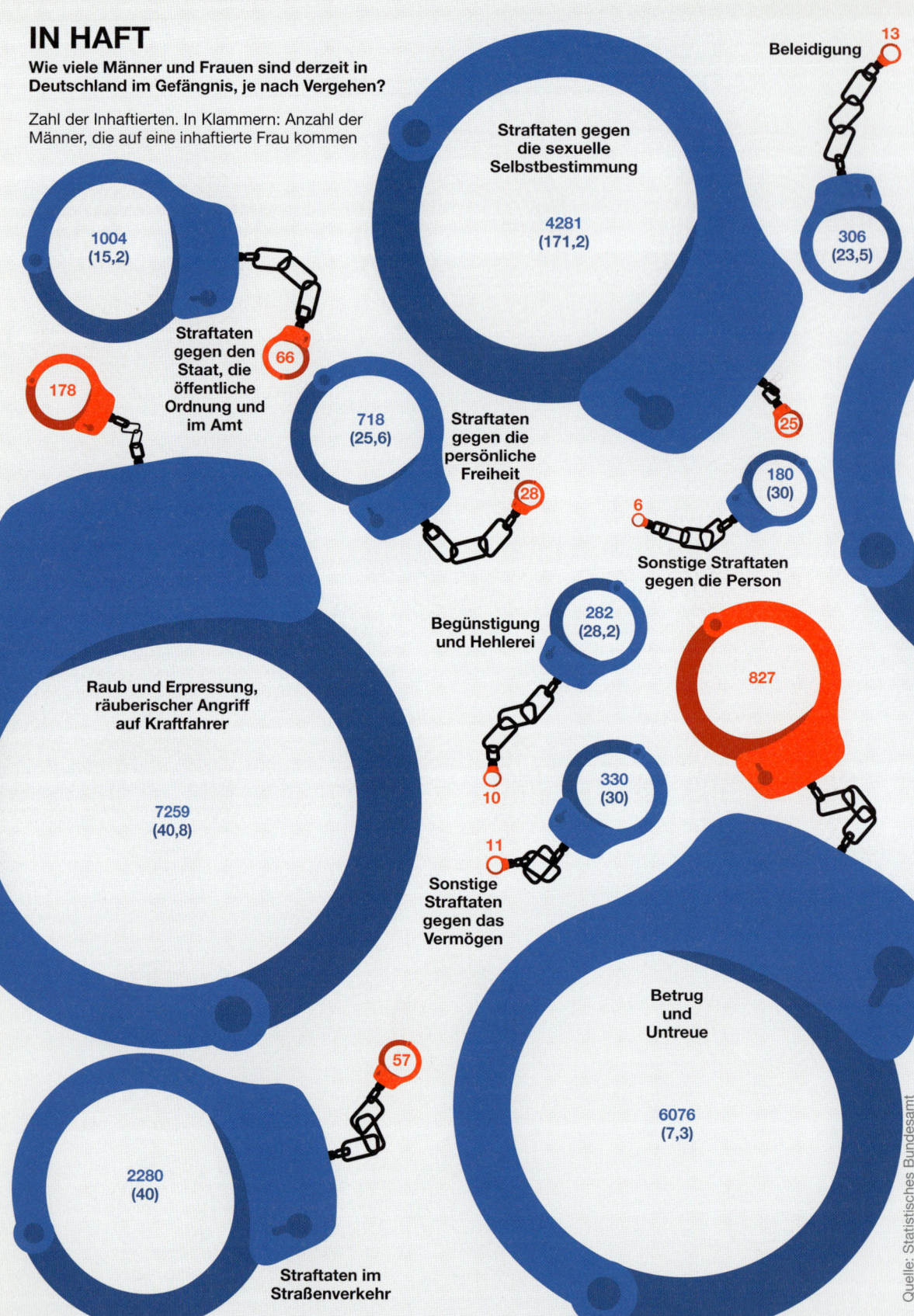

IN HAFT

Wie viele Männer und Frauen sind derzeit in Deutschland im Gefängnis, je nach Vergehen?

Zahl der Inhaftierten. In Klammern: Anzahl der Männer, die auf eine inhaftierte Frau kommen

Beleidigung 13

306
(23,5)

1004
(15,2)

Straftaten gegen die sexuelle Selbstbestimmung

4281
(171,2)

Straftaten gegen den Staat, die öffentliche Ordnung und im Amt

66

178

718
(25,6)

Straftaten gegen die persönliche Freiheit

28

25

180
(30)

6

Sonstige Straftaten gegen die Person

Begünstigung und Hehlerei

282
(28,2)

827

10

330
(30)

11

Raub und Erpressung, räuberischer Angriff auf Kraftfahrer

7259
(40,8)

Sonstige Straftaten gegen das Vermögen

Betrug und Untreue

6076
(7,3)

57

2280
(40)

Straftaten im Straßenverkehr

Quelle: Statistisches Bundesamt

Rot = Frauen
Blau = Männer

280

Straftaten gegen
das Leben

4065
(14,5)

874

Straftaten gegen
die körperliche
Unversehrtheit

258

7368
(28,6)

511

Diebstahl und
Unterschlagung

11761
(13,5)

Straftaten nach dem
Betäubungsmittelgesetz

8330
(16,3)

13

120

613
(47,2)

Urkunden-
fälschung

1085
(9)

Gemeingefährliche
Straftaten

Stand: 31.3.2011

*MANN UND *FRAU

Begriffe, die auf -mann und -frau enden – welche davon
kamen in deutschen Medien am häufigsten vor?

Ehemann
10606

Landeshauptmann
6877

Weihnachtsmann
3775

Geschäftsmann
3506

Fachmann
3172

Landsmann
2610

Feuerwehrmann
1909

Schlussmann
1579

Vordermann
1531

Kamaramann
1515

Exmann
1263

Frontmann
1221

Ombudsmann
932

Wachmann
880

Seemann
838

Hausmann
654

Staatsmann
605

Edelmann
604

Schneemann
602

Sandmann
598

Ersatzmann
511

Traummann
353

Mittelfeldmann
338

Sohnemann
322

Fährmann
304

Lebemann
290

Noch-Ehemann
249

Industriekaufmann
206

Nicht mitgezählt wurden Eigennamen wie z.B. Lehmann

In der Reihenfolge der Häufigkeit.
Schwarze Zahl: Anzahl der Fundstellen

Quelle: Wortschatzdatenbank der Universität Leipzig, eigene Auswertung. Zeitraum: 1998 bis 2011 (aus öffentlich zugänglichen Quellen, v.a. Online-Ausgaben der Tageszeitungen)

Ehefrau
13785

Jungfrau
2904

Exfrau
1789

Hausfrau
1645

Putzfrau
871

Geschäftsfrau
562

Fachfrau
537

Torfrau
536

Traumfrau
534

Frontfrau
525

Landeshauptfrau
419

Landsfrau
332

Noch-Ehefrau
296

Meerjungfrau
264

Kauffrau
237

Powerfrau
228

Bankkauffrau
177

Ordensfrau
164

Karrierefrau
162

Freifrau
147

Ratsfrau
147

Hotelfachfrau
131

Bankiersfrau
130

Feuerwehrfrau
129

Ombudsfrau
89

Thaifrau
87

Spielerfrau
85

Zweitfrau
76

WUNSCHKINDER
Wie viele Kinder wollen Frauen und Männer?

Quelle: Dorbritz, Lengerer, Ruckdeschel: Einstellungen zu demographischen Trends und zu bevölkerungsrelevanten Politiken, 2005 und eigene Berechnung

keine Kinder: 13,8

FRAUEN

ein Kind: 18,8

zwei Kinder: 52,9

drei Kinder: 11,6

vier Kinder und mehr: 3,6

Angaben in Prozent

Der weiße Kreis gibt an,
welches Geschlecht in der
jeweiligen Kategorie führt

keine Kinder: 25,6

MÄNNER

ein Kind: 15,9

zwei Kinder: 41,3

drei Kinder: 14,0

vier Kinder und mehr: 3,1

WIE LERNT MAN SICH KENNEN?

Gelegenheiten, durch die man seinen Partner fand – getrennt nach Geburtsjahren

Geburts-jahr	Schule, Ausbildung, Arbeit	Hobby, Verein, Sport	Bar, Disko

1970 – 74   26,6   11,0   21,2

1980 – 84   22,1   8,0   16,7

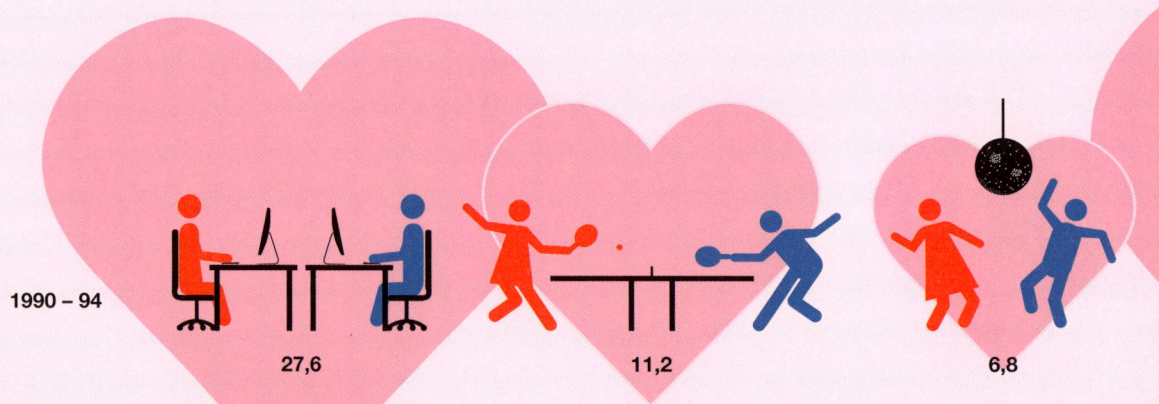

1990 – 94   27,6   11,2   6,8

Freunde, Bekannte   **Verwandte**   **Über das Internet**   **In den Ferien**

30,3   4,6   3,9   2,4

39,4   5,5   6,5   1,9

40,7   2,8   9,0   1,9

Quelle: Andreas Schmitz, Susann Sachse-Thürer, Doreen Zillmann, Hans-Peter Blossfeld: »Myths and facts about online mate choice Contemporary beliefs and empirical findings«, 2011

DAS GESCHLECHT DER PLANETEN

Welche Planeten tragen weibliche und welche männliche Namen im Deutschen?

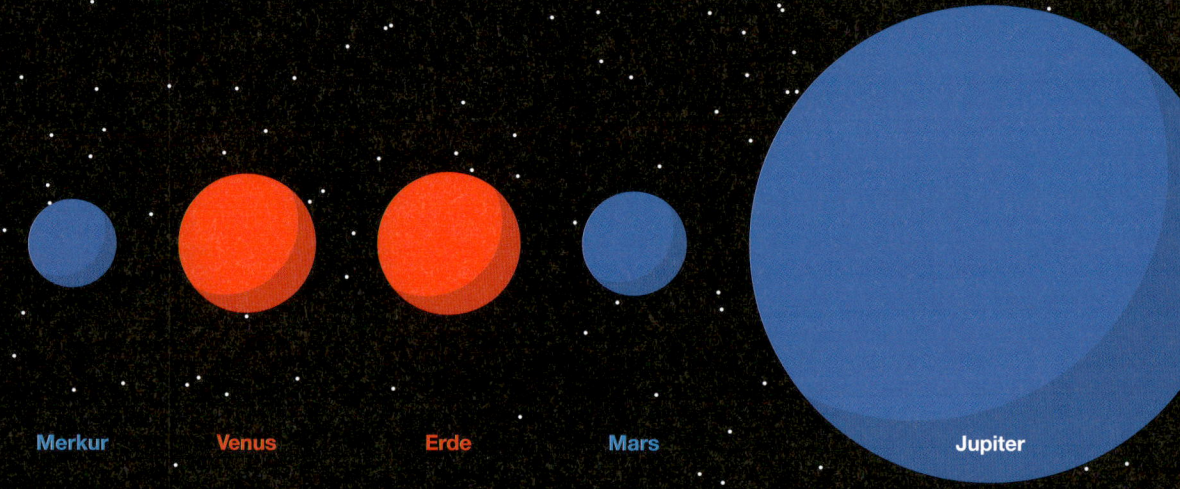

Merkur

Venus

Erde

Mars

Jupiter

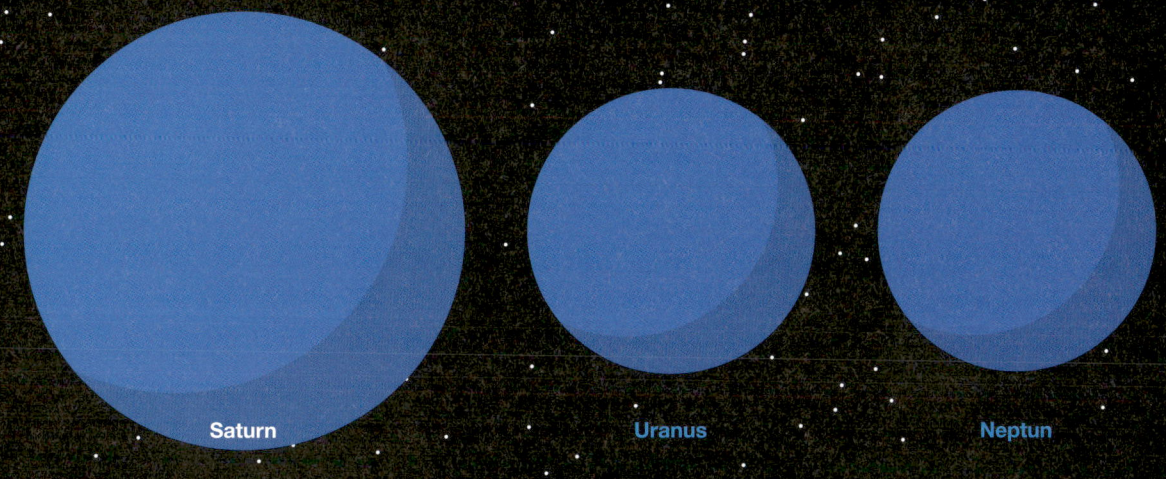

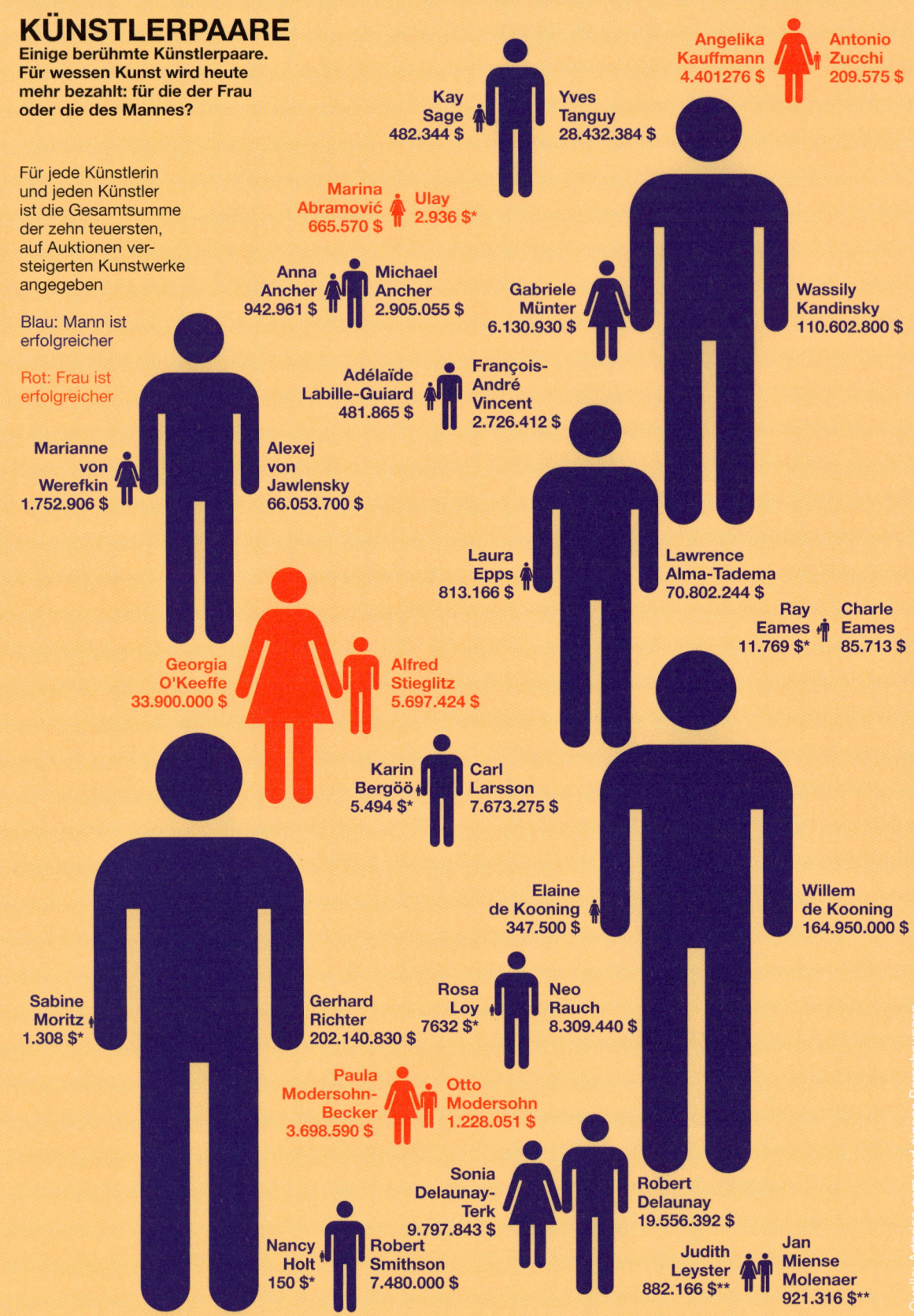

KÜNSTLERPAARE

**Einige berühmte Künstlerpaare.
Für wessen Kunst wird heute
mehr bezahlt: für die der Frau
oder die des Mannes?**

Für jede Künstlerin
und jeden Künstler
ist die Gesamtsumme
der zehn teuersten,
auf Auktionen ver-
steigerten Kunstwerke
angegeben

Blau: Mann ist
erfolgreicher

Rot: Frau ist
erfolgreicher

**Angelika
Kauffmann**
4.401276 $

**Antonio
Zucchi**
209.575 $

**Kay
Sage**
482.344 $

**Yves
Tanguy**
28.432.384 $

**Marina
Abramović**
665.570 $

Ulay
2.936 $*

**Anna
Ancher**
942.961 $

**Michael
Ancher**
2.905.055 $

**Gabriele
Münter**
6.130.930 $

**Wassily
Kandinsky**
110.602.800 $

**Marianne
von
Werefkin**
1.752.906 $

**Alexej
von
Jawlensky**
66.053.700 $

**Adélaïde
Labille-Guiard**
481.865 $

**François-
André
Vincent**
2.726.412 $

**Laura
Epps**
813.166 $

**Lawrence
Alma-Tadema**
70.802.244 $

**Ray
Eames**
11.769 $*

**Charle
Eames**
85.713 $

**Georgia
O'Keeffe**
33.900.000 $

**Alfred
Stieglitz**
5.697.424 $

**Karin
Bergöö**
5.494 $*

**Carl
Larsson**
7.673.275 $

**Elaine
de Kooning**
347.500 $

**Willem
de Kooning**
164.950.000 $

**Sabine
Moritz**
1.308 $*

**Gerhard
Richter**
202.140.830 $

**Rosa
Loy**
7632 $*

**Neo
Rauch**
8.309.440 $

**Paula
Modersohn-
Becker**
3.698.590 $

**Otto
Modersohn**
1.228.051 $

**Sonia
Delaunay-
Terk**
9.797.843 $

**Robert
Delaunay**
19.556.392 $

**Nancy
Holt**
150 $*

**Robert
Smithson**
7.480.000 $

**Judith
Leyster**
882.166 $**

**Jan
Miense
Molenaer**
921.316 $**

Quelle: Artprice.com und eigene Berechnungen

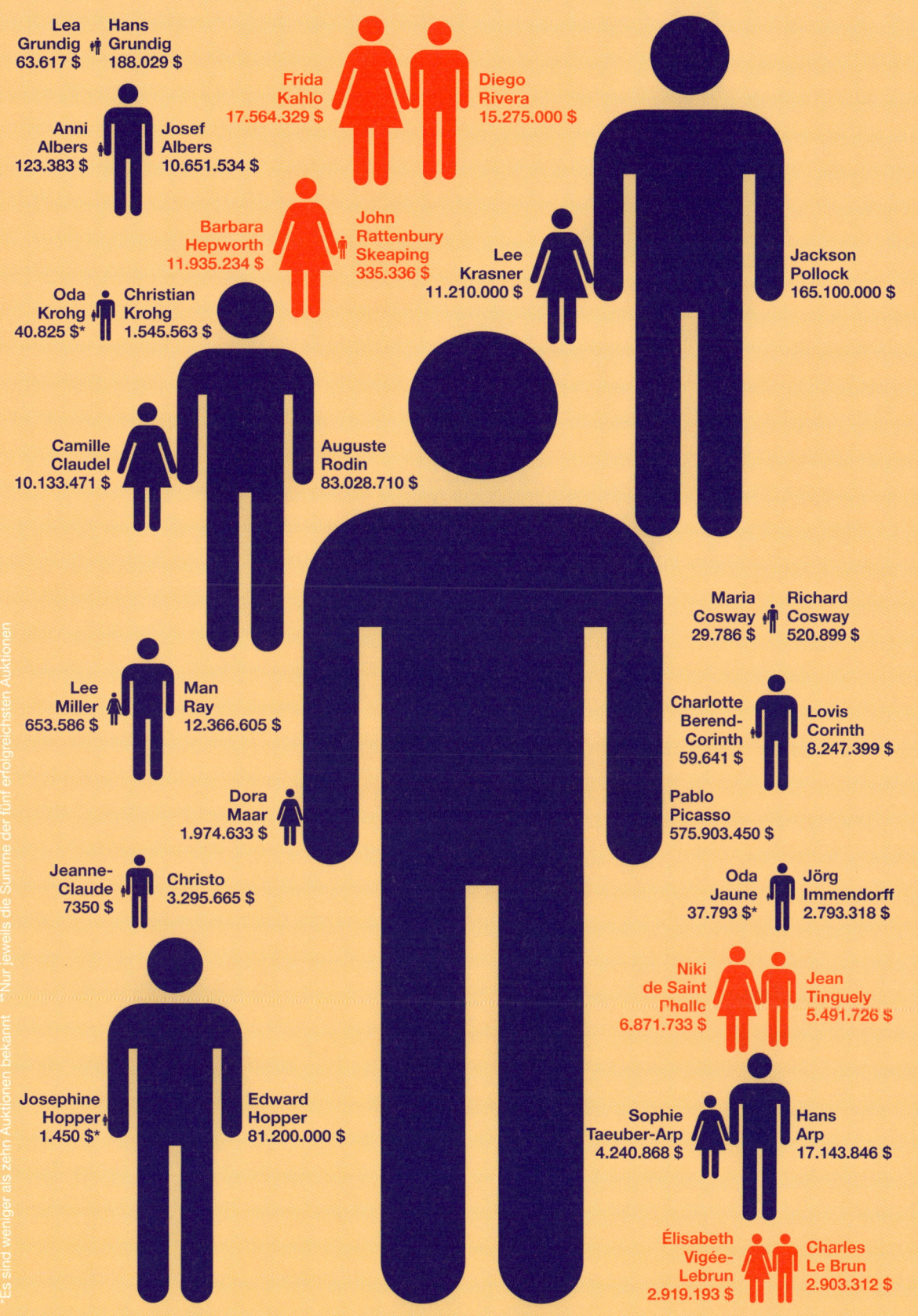

Lea
Grundig
63.617 $

Hans
Grundig
188.029 $

Frida
Kahlo
17.564.329 $

Diego
Rivera
15.275.000 $

Anni
Albers
123.383 $

Josef
Albers
10.651.534 $

Barbara
Hepworth
11.935.234 $

John
Rattenbury
Skeaping
335.336 $

Lee
Krasner
11.210.000 $

Jackson
Pollock
165.100.000 $

Oda
Krohg
40.825 $*

Christian
Krohg
1.545.563 $

Camille
Claudel
10.133.471 $

Auguste
Rodin
83.028.710 $

Maria
Cosway
29.786 $

Richard
Cosway
520.899 $

Lee
Miller
653.586 $

Man
Ray
12.366.605 $

Charlotte
Berend-
Corinth
59.641 $

Lovis
Corinth
8.247.399 $

Dora
Maar
1.974.633 $

Pablo
Picasso
575.903.450 $

Jeanne-
Claude
7350 $

Christo
3.295.665 $

Oda
Jaune
37.793 $*

Jörg
Immendorff
2.793.318 $

Niki
de Saint
Phalle
6.871.733 $

Jean
Tinguely
5.491.726 $

Josephine
Hopper
1.450 $*

Edward
Hopper
81.200.000 $

Sophie
Taeuber-Arp
4.240.868 $

Hans
Arp
17.143.846 $

Élisabeth
Vigée-
Lebrun
2.919.193 $

Charles
Le Brun
2.903.312 $

*Es sind weniger als zehn Auktionen bekannt   **Nur jeweils die Summe der fünf erfolgreichsten Auktionen

TELEFONIERDAUER

**Wie lange telefonieren Männer
und Frauen im Durchschnitt täglich?**

FRAUEN
54 Minuten

MÄNNER
38 Minuten

Quelle: CELLA-Studie

BALLGRÖSSEN

Wie unterscheiden sich
die Bälle für Männer
und Frauen in
verschiedenen
Sportarten

Basketball Männer: 12,2

Basketball Frauen: 11,6

Wasserball Männer: 11,1

Fußball: 11,0

Beachvolleyball: 10,7

Wasserball Frauen: 10,5

Hallenvolleyball: 10,5

Handball Männer: 9,4

Handball Frauen: 8,8

Darstellung in den Originalgrößen
Quelle: DFB, DHB, DBB, DVV, DLV, ITF, DWB, ISF, DBV

Kugel Männer: 6,0

Kugel Frauen: 5,1

Softball Frauen: 4,4

Baseball Männer: 3,7

DAS SELBSTBILD

**Wie schätzen normalgewichtige
Jugendliche ihren eigenen Körper ein?**

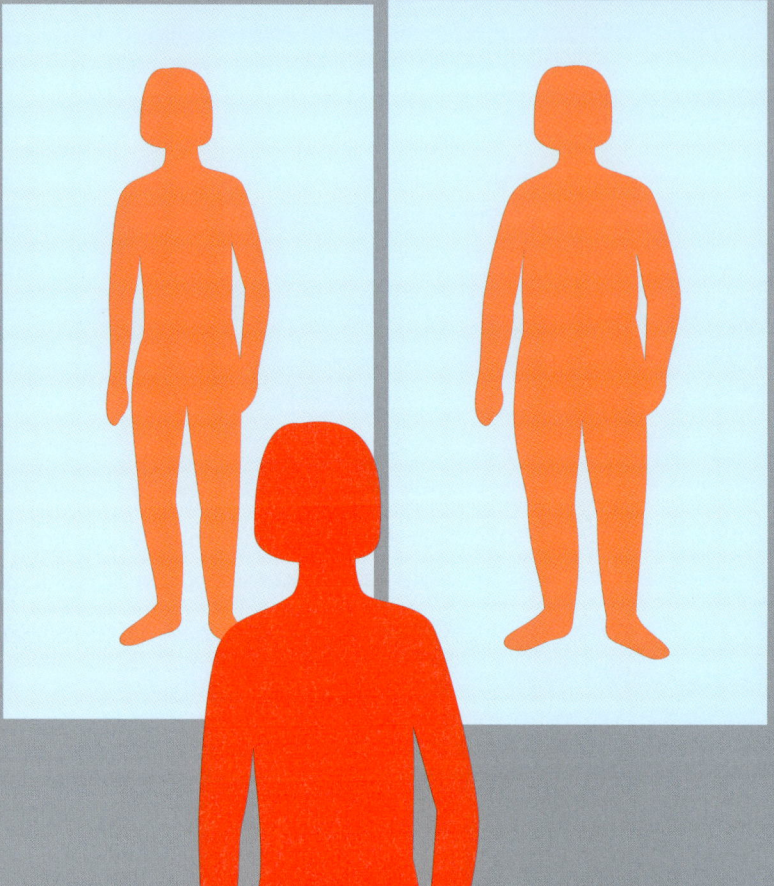

**Genau das
richtige Gewicht**
44,3

**Ein bisschen
zu dick**
45,6

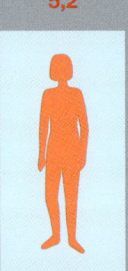

**Viel
zu
dünn**
1,2

**Ein bisschen
zu dünn**
5,2

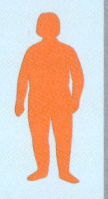

**Viel
zu dick**
3,8

Befragt wurden jeweils zirka 2500 Jungen und Mädchen im Alter zwischen 11 und 17 Jahren

**Genau das
richtige Gewicht
54,3**

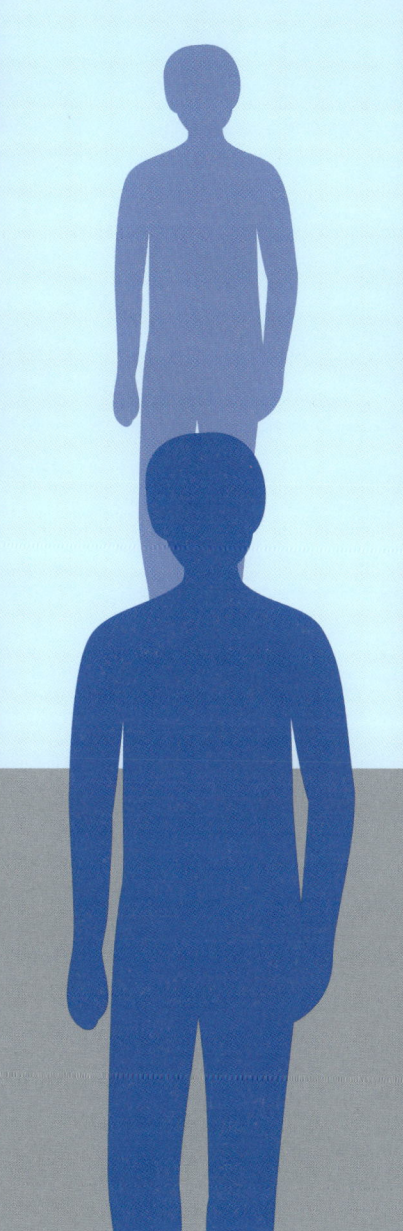

**Ein bisschen
zu dünn
17,3**

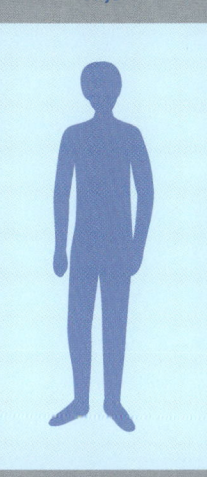

**Ein bisschen
zu dick
25,1**

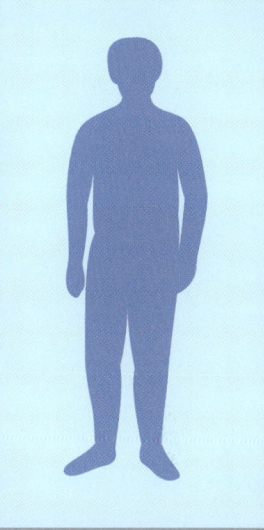

**Viel
zu dünn
2,2**

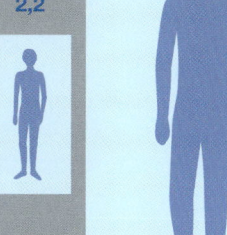

**Viel
zu
dick
1,1**

NAMEN FÜR GESCHLECHTSTEILE

Wie werden die Vagina und der Penis in verschiedenen Sprachen noch genannt?

VAGINA

figue
Feige

pussy
Muschi

lachmatka
die Lockige

pâquerette
Gänseblümchen

şeftali
Pfirsich

Liebeshöhle/
Liebesgrotte

conejo
Kaninchen

schschjolka
Spalte

machnatka
die Pelzige

fessura
Spalt

motte
Butterklumpen

crotch
Gabelung

concha
Muschel

tana
Höhle

almeja
Muschel

Schnecke

alcancía
Sparbüchse

kapı
Tür

castaña
Kastanie

*tschjornyj
triugol*nik*
schwarzes Dreieck

agujero
Loch

delik
Loch

beaver
Bieber

Ritze

chatte
Katze

panier
Korb

Muschi

*mishdunoshnaje
piroshnaje*
Zwischenbein-
Törtchen

minette
Mine

slit
Schlitz

pimiento
Paprika

buco
Loch

*schschjel**
Ritze

Loch

moule
Miesmuschel

tunnel of love
Liebestunnel

pozzo
Brunnen, Schacht

guardapolvo
Staubmantel

bearded clam
bärtige Muschel

Im Russischen ist die Lautschrift angegeben

Italienisch Spanisch Türkisch Russisch

PENIS

yarak
historischer Begriff
für Waffe

pendaglio
Gehänge

knob
Beule

látigo
Peitsche

Schwanz

kamış
Schilf, Schilfrohr

pluma
Feder

balda
großer Hammer

Ständer

ufaklıl
Kleiner

cock
Hahn

arnese
Werkzeug

cola
Schwanz

einäugige
Schlange

asperge
Spargel

engine
Maschine

cazzo
Schwanz

cipote
Stange

pisello
Erbse

bolt
Bolzen

canna
Rohr

nœud
Knoten

*wisjul*ki*
Anhängsel

*one-eyed
trouser snake*
einäugige
Hosenschlange

butifarra
Ziehharmonika

Zauberstab

rod
Rute

*cigare
à moustaches*
Zigarre mit
Schnurrbart

kleiner Mann/
Johannes

Rute

prick
Stachel

cimbel
Lockvogel

zizi
Zipfelchen

pepino
Gurke

palka
Stock

Latte

chorizo
Paprikawurst

stanga
Latte

sucuk
Wurst

tool
Werkzeug

ehrjen
Meerrettich

malafat
veraltet
für Kerl

queue
Schwanz

dard
Stachel

markofka
Möhrchen

uccello
Vogel

banan
Banane

bone
Knochen

Quelle: Eigene Recherchen

WER REICHT DIE SCHEIDUNG EIN?

Angaben in Prozent

beide: 7,8
Mann: 39,4

Gerichtliche Ehescheidungen nach Antragstellendem im Jahr 2011

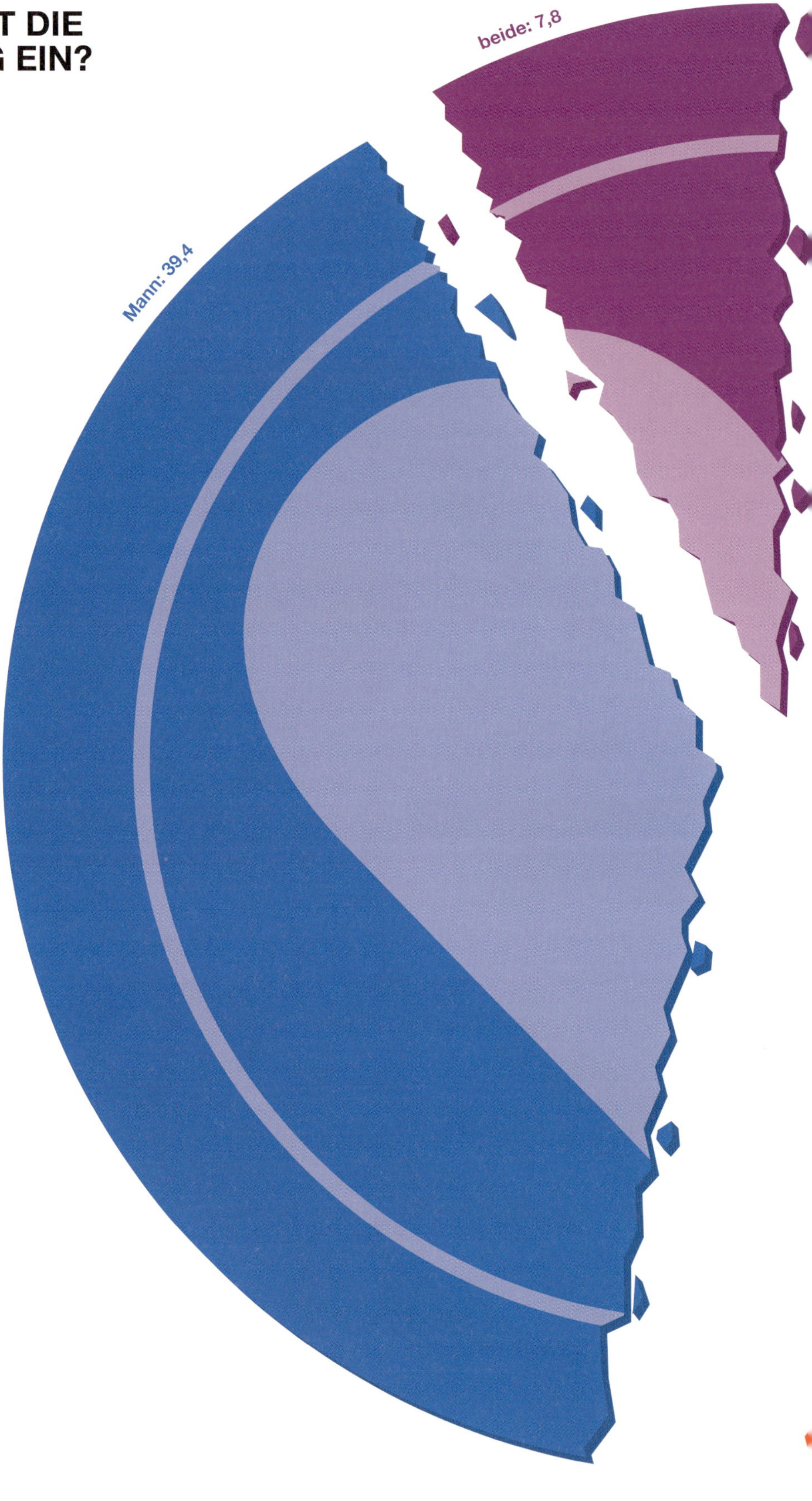

Frau: 52,8

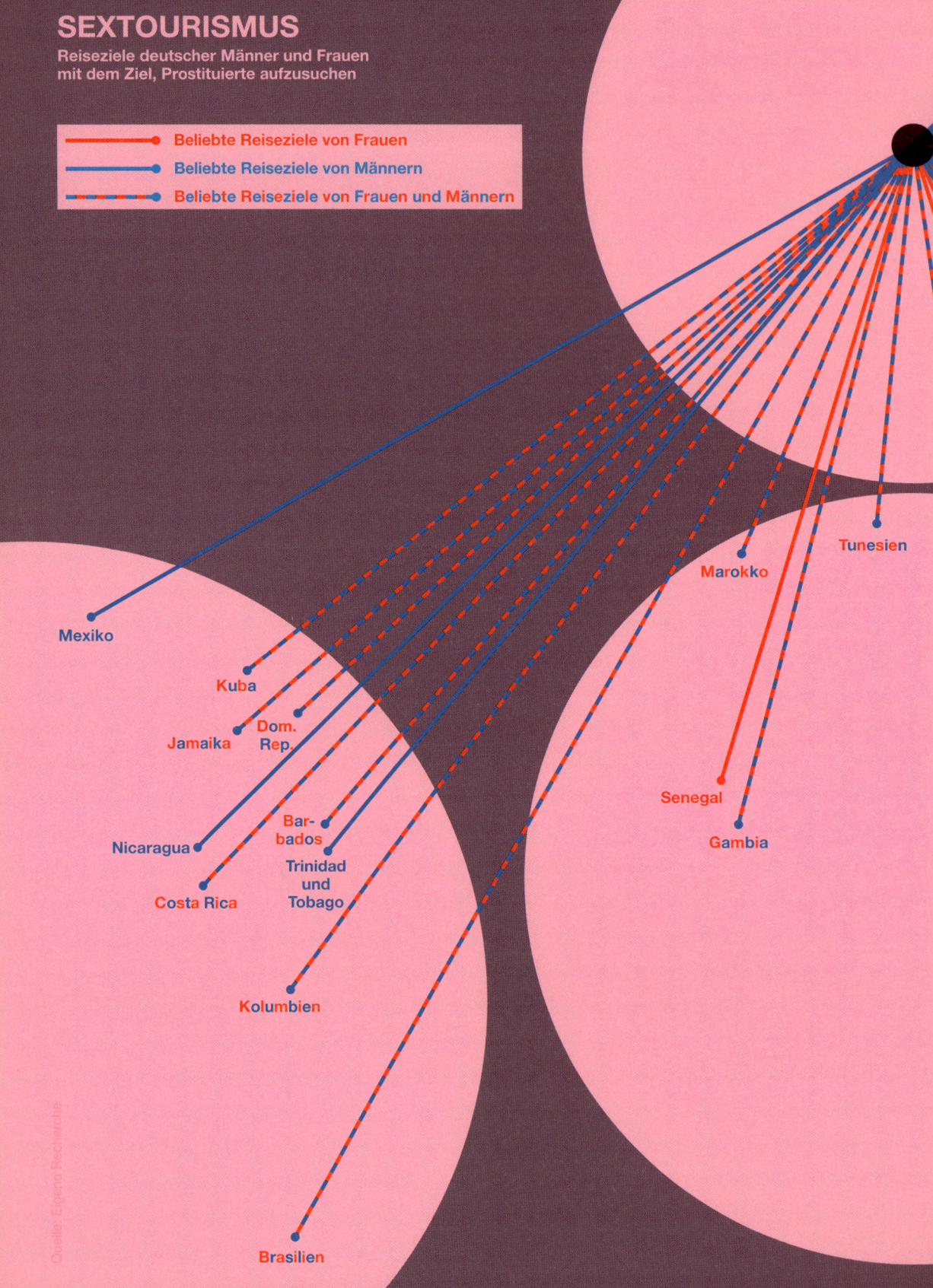

SEXTOURISMUS
Reiseziele deutscher Männer und Frauen
mit dem Ziel, Prostituierte aufzusuchen

Beliebte Reiseziele von Frauen
Beliebte Reiseziele von Männern
Beliebte Reiseziele von Frauen und Männern

Mexiko

Kuba

Dom.
Rep.

Jamaika

Nicaragua

Bar-
bados

Costa Rica

Trinidad
und
Tobago

Kolumbien

Brasilien

Marokko

Tunesien

Senegal

Gambia

Quelle: Eigene Recherche

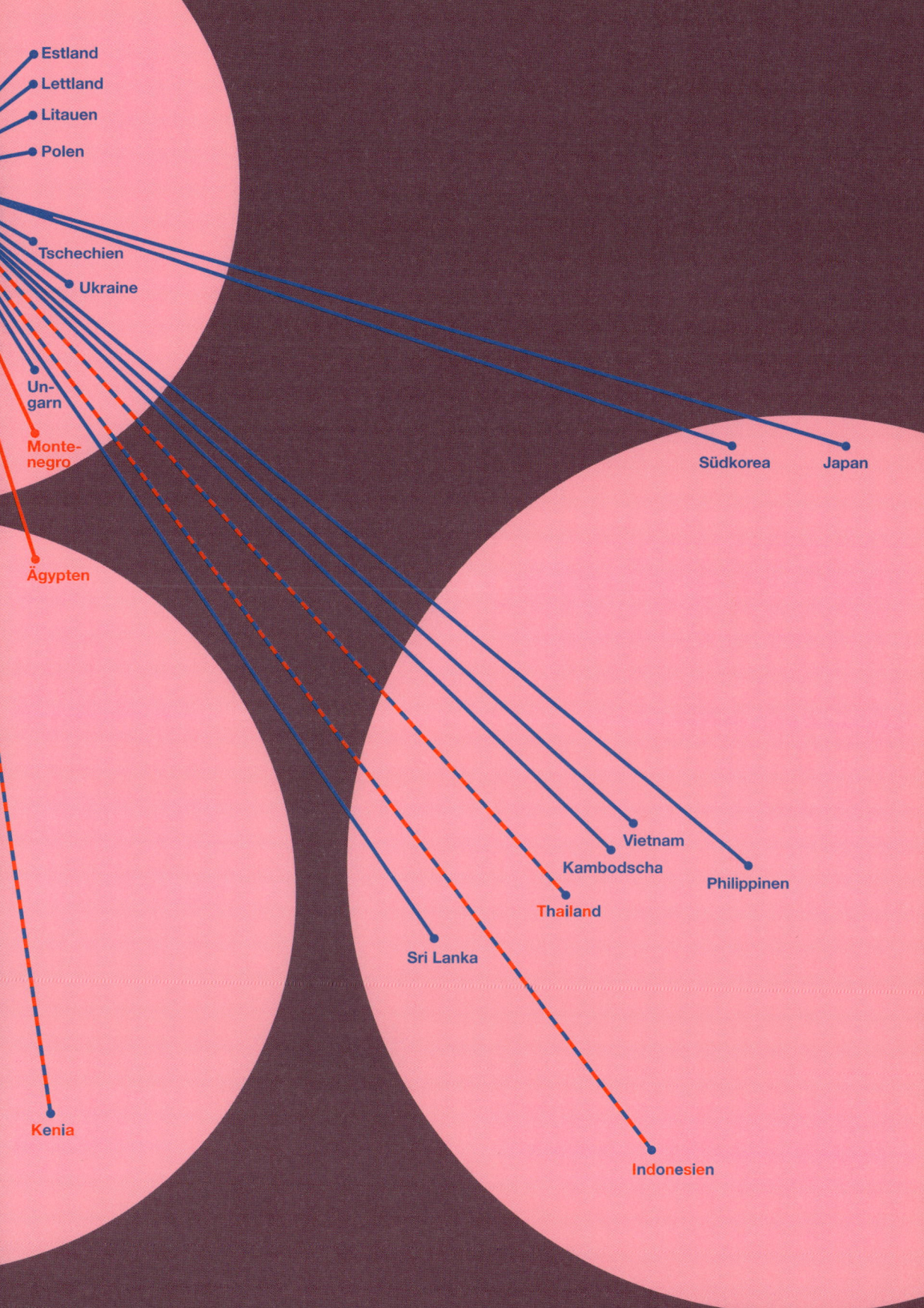

Estland

Lettland

Litauen

Polen

Tschechien

Ukraine

Un-
garn

Monte-
negro

Ägypten

Südkorea   Japan

Vietnam

Kambodscha

Thailand

Philippinen

Sri Lanka

Kenia

Indonesien

DIE DEUTSCHE BEVÖLKERUNG
Wie ist Weiblichkeit und Männlichkeit in Deutschland verteilt?
(Anzahl Bewohner/-innen)

XX

41,1

Millionen

XY
39,2
Millionen

UNFRUCHTBARKEIT

An wem liegt es, wenn ein Paar unfreiwillig ohne Kinder bleibt?

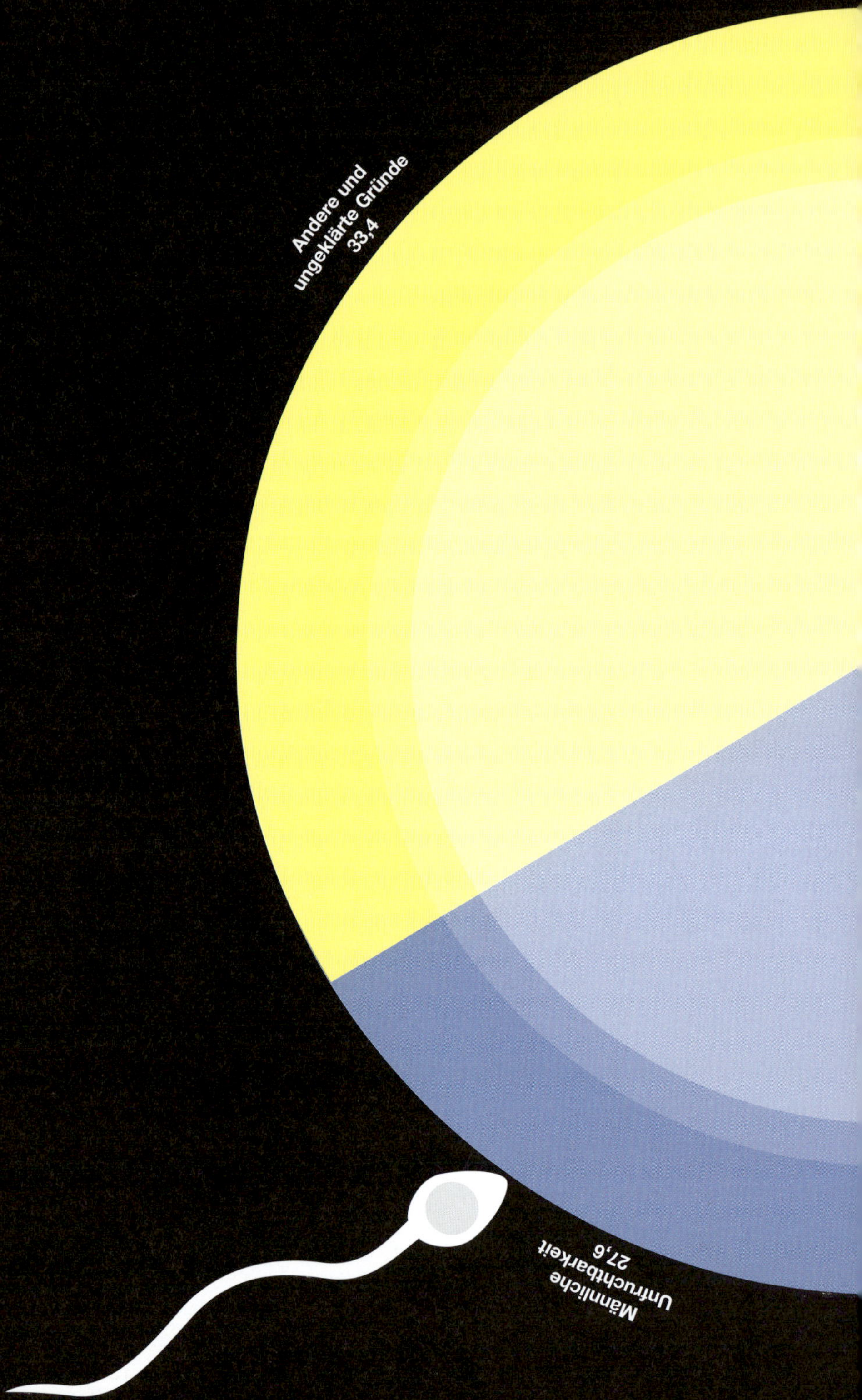

Andere und ungeklärte Gründe 33,4
Männliche Unfruchtbarkeit 27,6

Quelle: Human Fertilisation and Embryology Authority

Anteile in Prozent (Fälle von Paaren,
die sich 2011 in Behandlung begaben)

Weibliche
Unfruchtbarkeit
27,0

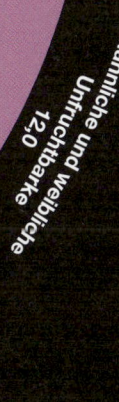

Männliche und weibliche
Unfruchtbarke
12,0

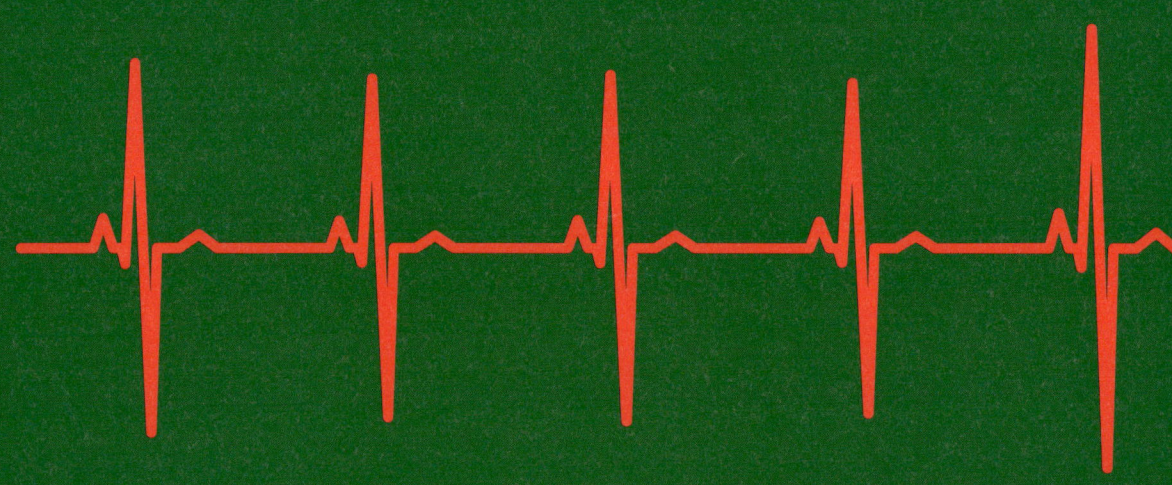

DIE MACHT DER SCHÖNHEIT

**Wie wichtig ist das Kriterium »gutes Aussehen«
bei der Partnerwahl in zehn ausgesuchten Ländern?**

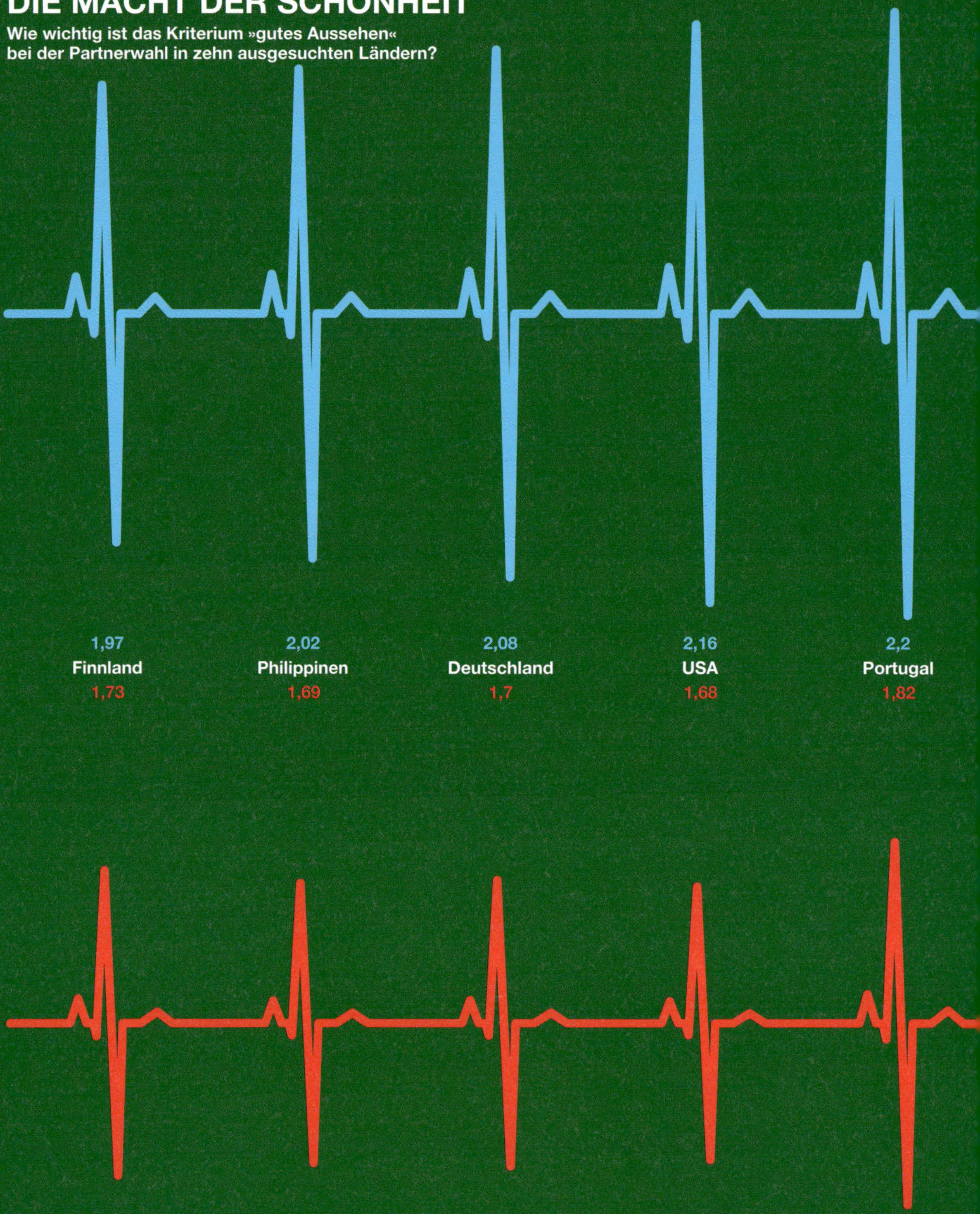

1,97	2,02	2,08	2,16	2,2
Finnland	**Philippinen**	**Deutschland**	**USA**	**Portugal**
1,73	1,69	1,7	1,68	1,82

Quelle: »Stepping Out of the Caveman's Shadow: Nations' Gender Gap Predicts Degree
of Sex Differentiation in Mate Preferences«, Marcel Zentner und Klaudia Mitura, 2012

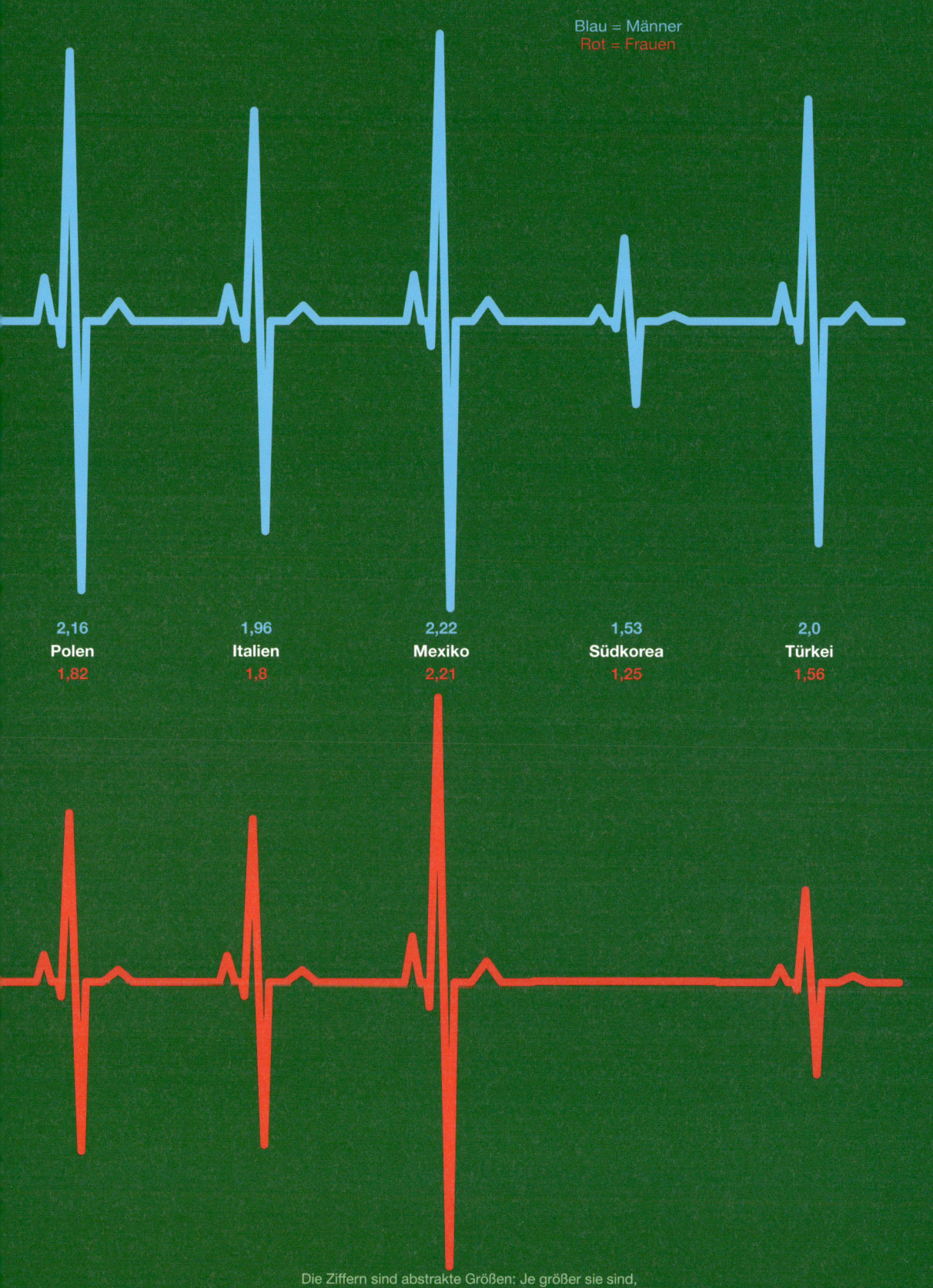

Blau = Männer
Rot = Frauen

2,16	1,96	2,22	1,53	2,0
Polen	Italien	Mexiko	Südkorea	Türkei
1,82	1,8	2,21	1,25	1,56

Die Ziffern sind abstrakte Größen: Je größer sie sind,
desto wichtiger ist im untersuchten Land die Schönheit

TRINKVERHALTEN

Wie viel Alkohol konsumieren Frauen und Männer täglich?

FRAUEN

Wein, Sekt
38

Sonstiges (Alkopops, alkoholische Cocktails)
3

Spirituosen
1

Bier
39

Quelle: Max-Rubner-Institut/ Nationale Verzehrsstudie II

Durchschnittlicher Verzehr in Gramm
des jeweiligen Getränks pro Tag

MÄNNER

Wein, Sekt
47

Sonstiges (Alkopops,
alkoholische Cocktails)
3

Spirituosen
4

Bier
253

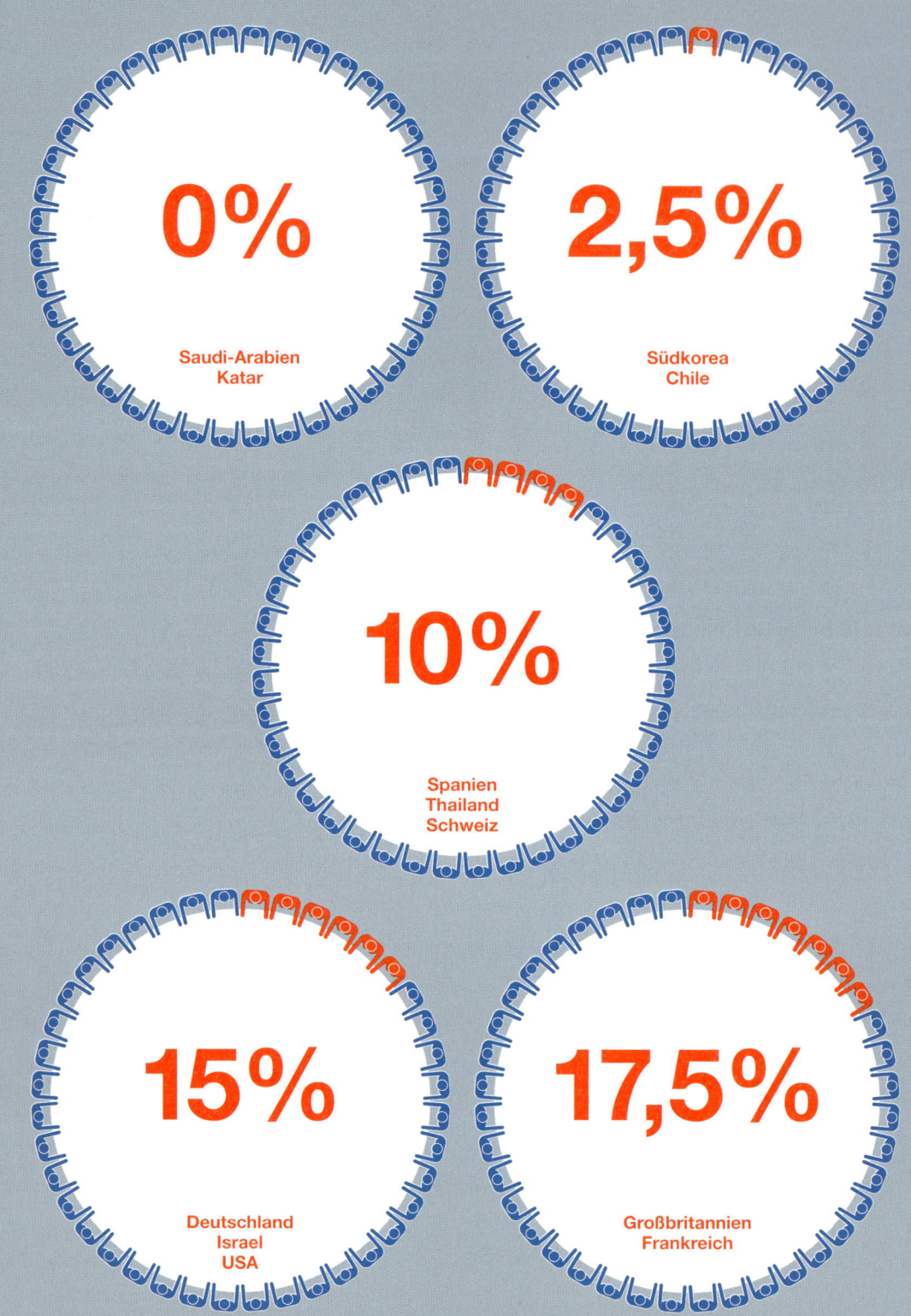

FRAUEN IM VORSTAND

Wie groß ist er Anteil der Frauen in
Vorständen der Aktienunternehmen?

0%
Saudi-Arabien
Katar

2,5%
Südkorea
Chile

10%
Spanien
Thailand
Schweiz

15%
Deutschland
Israel
USA

17,5%
Großbritannien
Frankreich

Frauenanteil pro Land, jeweils gerundet

5%
Indien
Russland
Mexiko

7,5%
Neuseeland
Brasilien

12,5%
Australien
Türkei

27,5%
Finnland
Schweden

40%
Norwegen

Quelle: catalyst.org

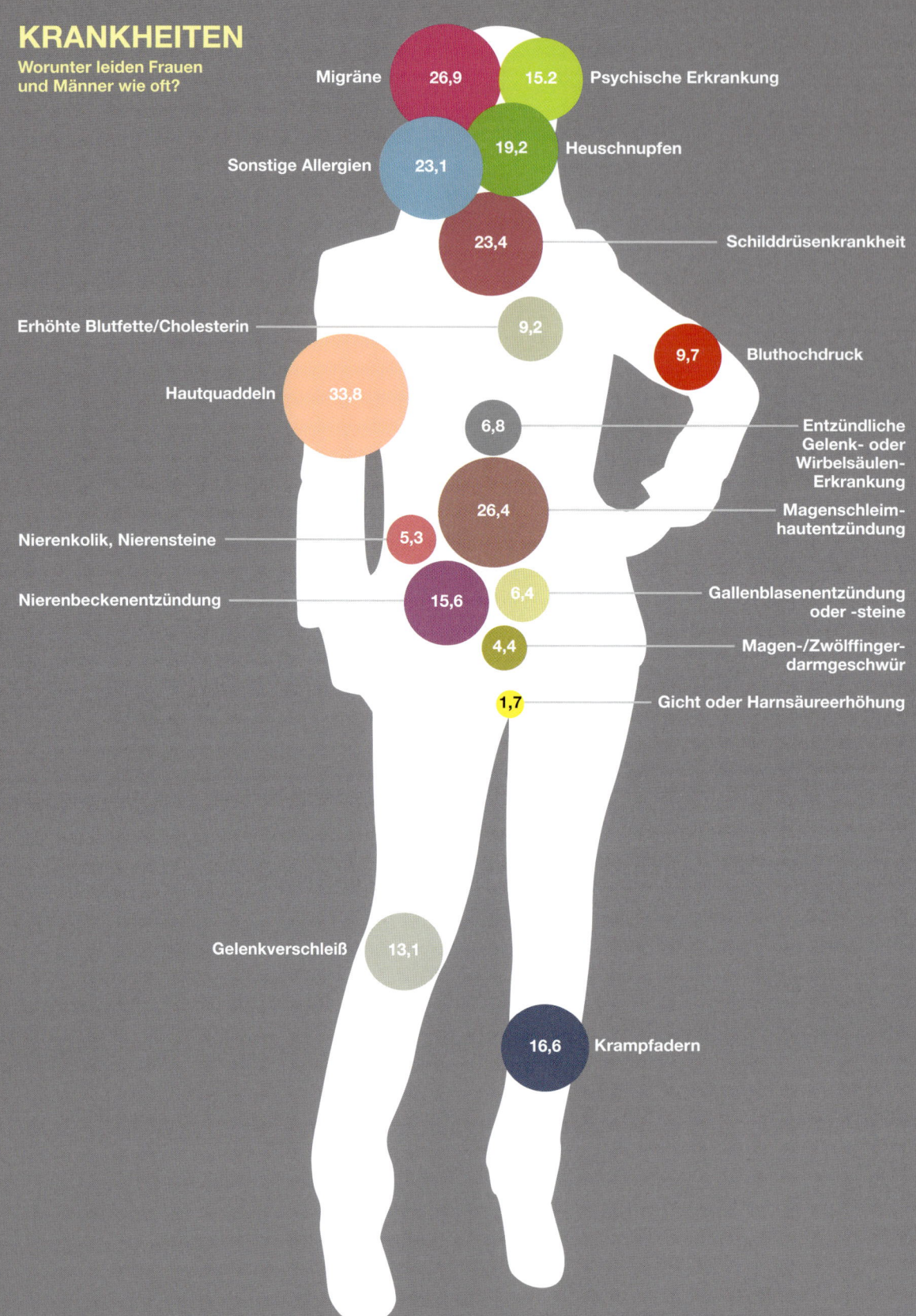

KRANKHEITEN

Worunter leiden Frauen und Männer wie oft?

Migräne 26,9

Psychische Erkrankung 15.2

Sonstige Allergien 23,1

Heuschnupfen 19,2

Schilddrüsenkrankheit 23,4

Erhöhte Blutfette/Cholesterin 9,2

Bluthochdruck 9,7

Hautquaddeln 33,8

Entzündliche Gelenk- oder Wirbelsäulen-Erkrankung 6,8

Magenschleim-hautentzündung 26,4

Nierenkolik, Nierensteine 5,3

Gallenblasenentzündung oder -steine 6,4

Nierenbeckenentzündung 15,6

Magen-/Zwölffinger-darmgeschwür 4,4

Gicht oder Harnsäureerhöhung 1,7

Gelenkverschleiß 13,1

Krampfadern 16,6

Psychische Erkrankung **4,4** **8,6** Migräne

Heuschnupfen **19,2** **11,6** Sonstige Allergien

Schilddrüsenkrankheit ——— **4,0**

16,4 ——— Erhöhte Blutfette/Cholesterin

Bluthochdruck **10,5**

12,3 Hautquaddeln

Entzündliche Gelenk- oder Wirbelsäulen-Erkrankung ——— **5,7**

Magenschleim-hautentzündung ——— **18,1**

3,9 ——— Nierenkolik, Nierensteine

Gallenblasenentzündung oder -steine ——— **1,5** **3,5** ——— Nierenbeckenentzündung

Magen-/Zwölffinger-darmgeschwür ——— **4,6**

Gicht oder Harnsäureerhöhung ——— **7,2**

16,6 Gelenkverschleiß

Krampfadern **6,8**

Wahrscheinlichkeit, dass Männer und Frauen zwischen 30 und 44 Jahren an einer der Krankheiten leiden; Angaben in Prozent

Quelle: Robert Koch-Institut, BGS 98

WITWEN UND WITWER

**Wie hoch ist der Anteil der Frauen und Männer,
deren Ehepartner verstorben ist?**

FRAUEN

**Im Alter zwischen
70 und 74 Jahren**

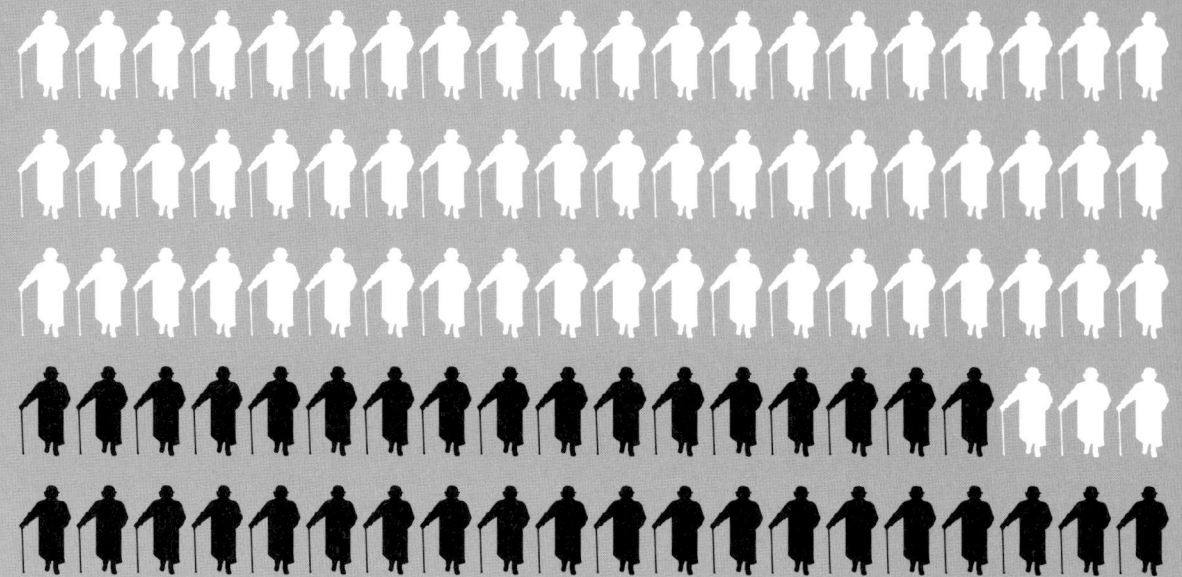

37

**Bei den 85-Jährigen
und Älteren**

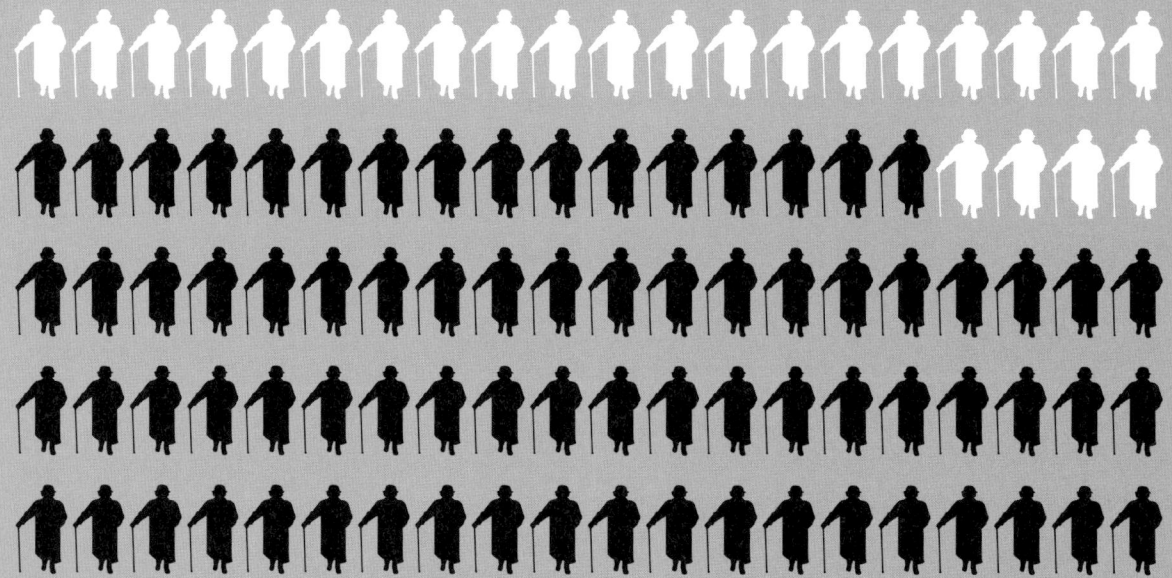

76

MÄNNER

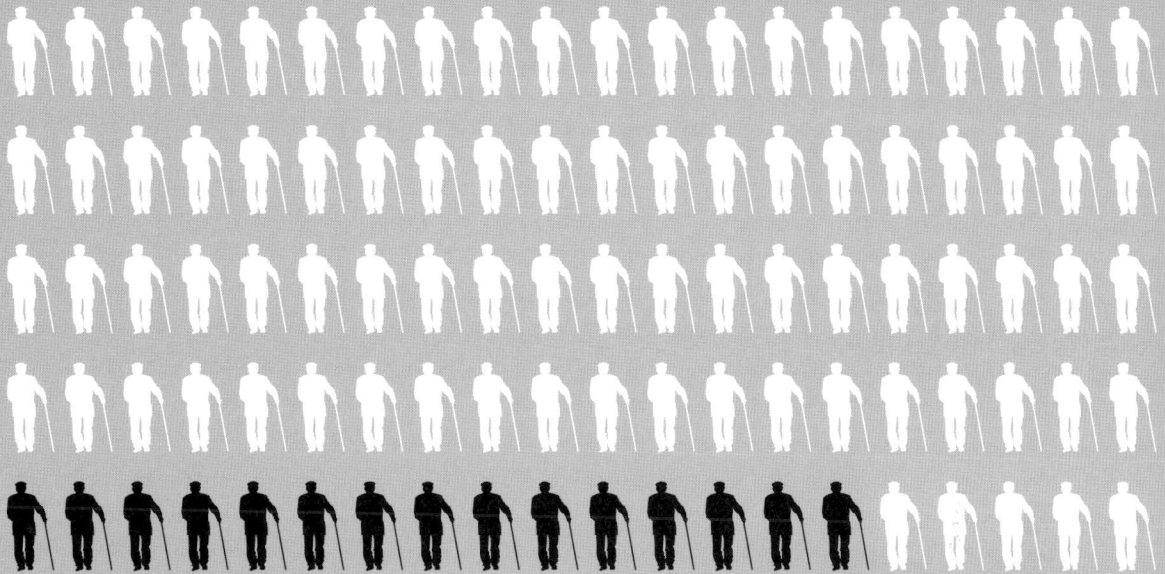

15

**Bei den 85-Jährigen
und Älteren**

35

Quelle: Statistisches Bundesamt

BINATIONALE EHEN

**Wenn Deutsche Nichtdeutsche heiraten –
suchen sich Männer oder Frauen eher Partner
aus ärmeren oder reicheren Nationen?**

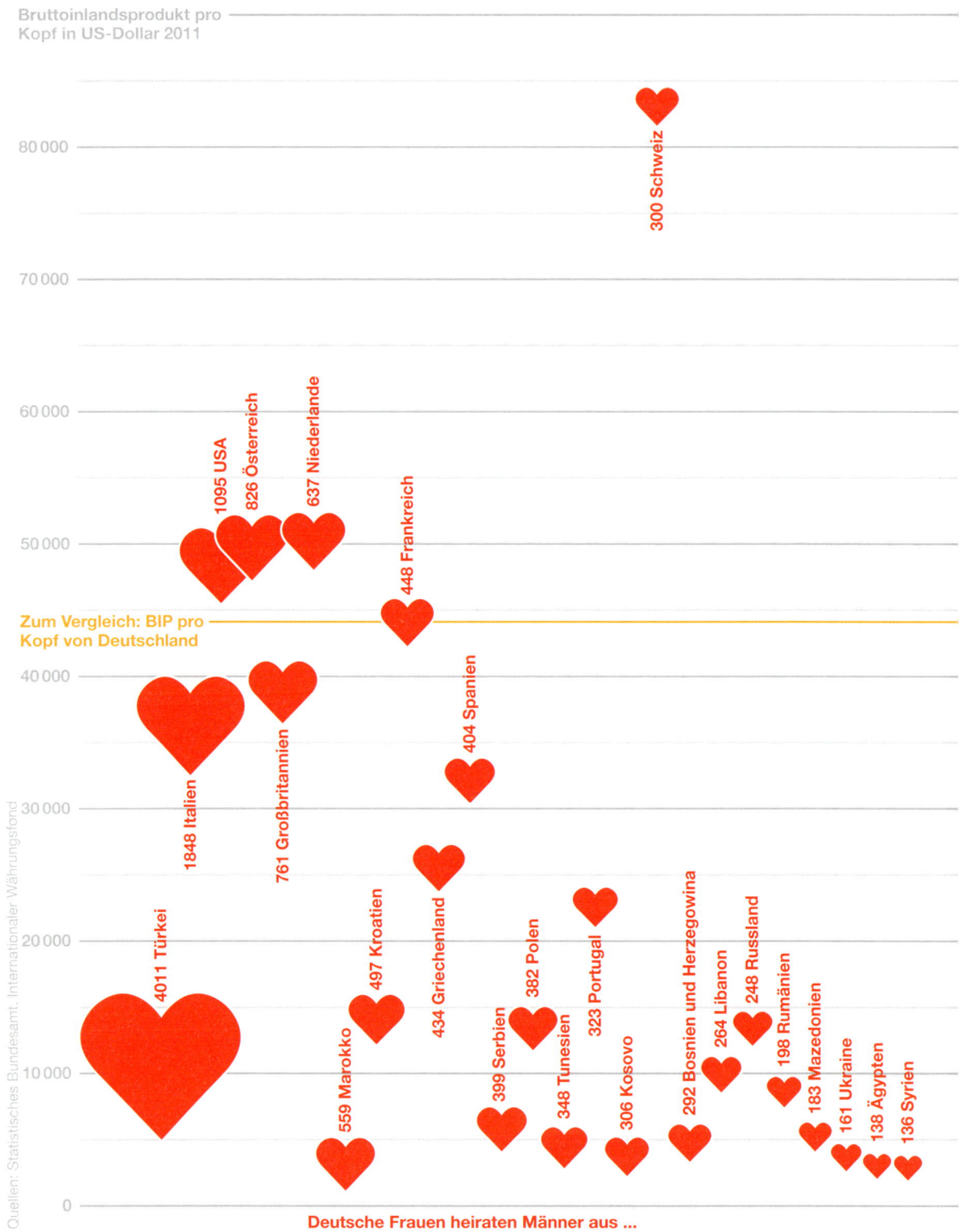

Bruttoinlandsprodukt pro
Kopf in US-Dollar 2011

80 000

300 Schweiz

70 000

60 000

1095 USA
826 Österreich
637 Niederlande

448 Frankreich

50 000

**Zum Vergleich: BIP pro
Kopf von Deutschland**

404 Spanien

40 000

1848 Italien
761 Großbritannien

497 Kroatien
434 Griechenland

30 000

382 Polen
323 Portugal
292 Bosnien und Herzegowina
264 Libanon
248 Russland
198 Rumänien

4011 Türkei

20 000

559 Marokko
399 Serbien
348 Tunesien
306 Kosovo
183 Mazedonien
161 Ukraine
138 Ägypten
136 Syrien

10 000

0

Quellen: Statistisches Bundesamt, Internationaler Währungsfond

Deutsche Frauen heiraten Männer aus ...

Absolute Zahlen der 25 häuftigsten binationalen Ehen in 2011 – sowie das BIP der jeweiligen Nation

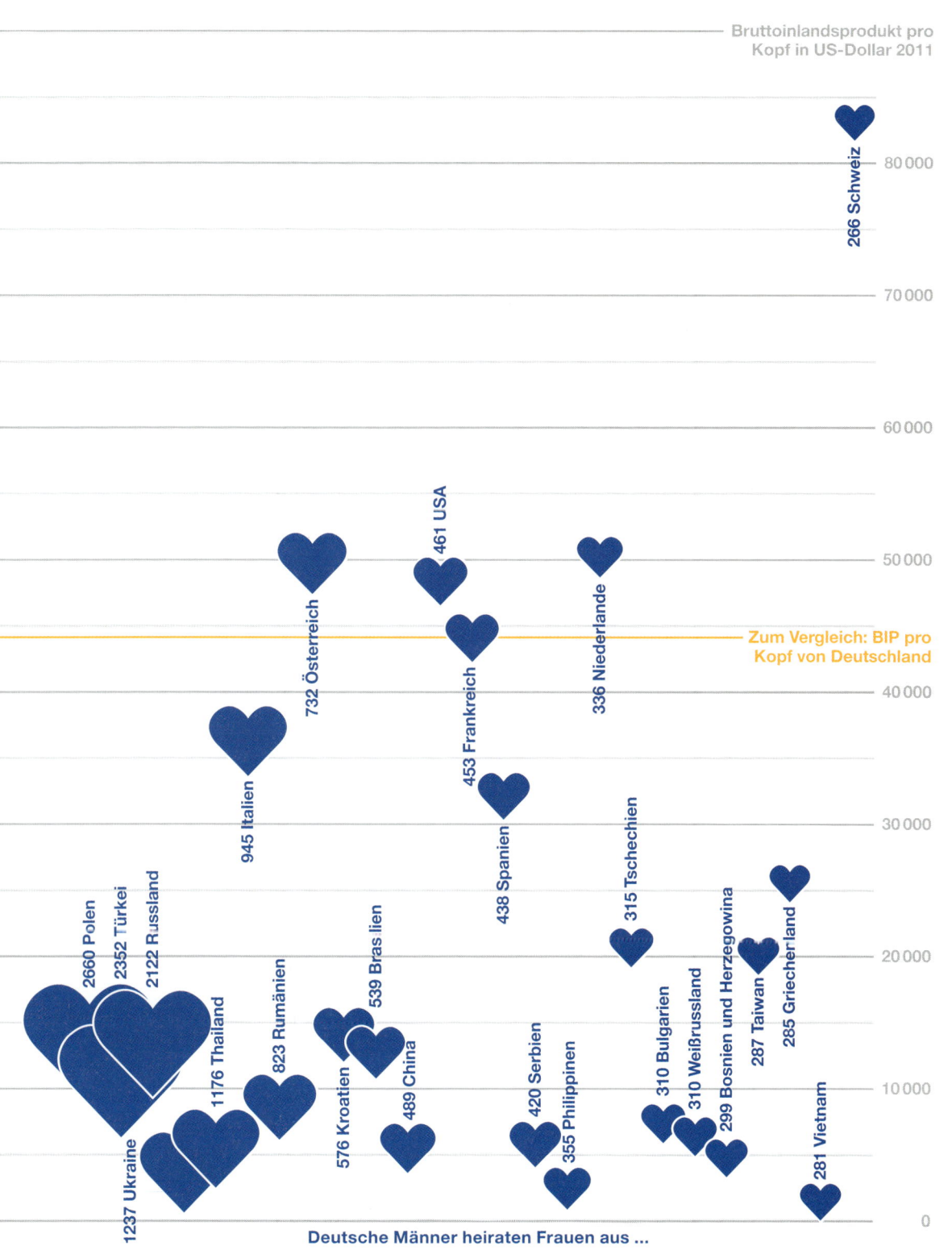

Bruttoinlandsprodukt pro Kopf in US-Dollar 2011

80 000

70 000

60 000

50 000

Zum Vergleich: BIP pro Kopf von Deutschland

40 000

30 000

20 000

10 000

0

266 Schweiz

461 USA

732 Österreich

453 Frankreich

336 Niederlande

945 Italien

438 Spanien

315 Tschechien

285 Griechenland

2660 Polen
2352 Türkei
2122 Russland

823 Rumänien

539 Bras lien

310 Bulgarien
310 Weißrussland
299 Bosnien und Herzegowina
287 Taiwan

1176 Thailand

576 Kroatien
489 China

420 Serbien
355 Philippinen

1237 Ukraine

281 Vietnam

Deutsche Männer heiraten Frauen aus ...

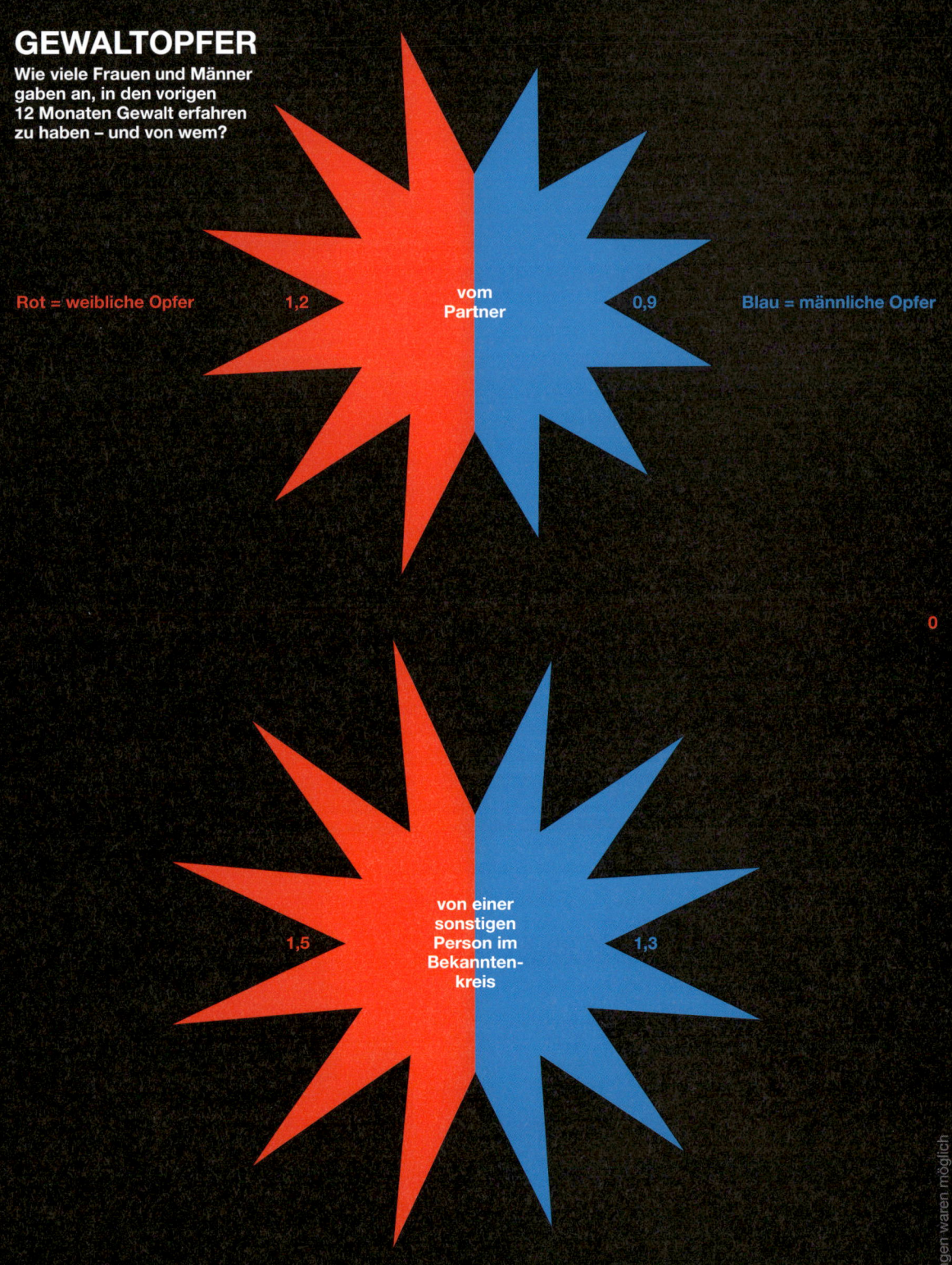

GEWALTOPFER

Wie viele Frauen und Männer gaben an, in den vorigen 12 Monaten Gewalt erfahren zu haben – und von wem?

Rot = weibliche Opfer

Blau = männliche Opfer

1,2 — vom Partner — 0,9

0

1,5 — von einer sonstigen Person im Bekanntenkreis — 1,3

Mehrfachnennungen waren möglich

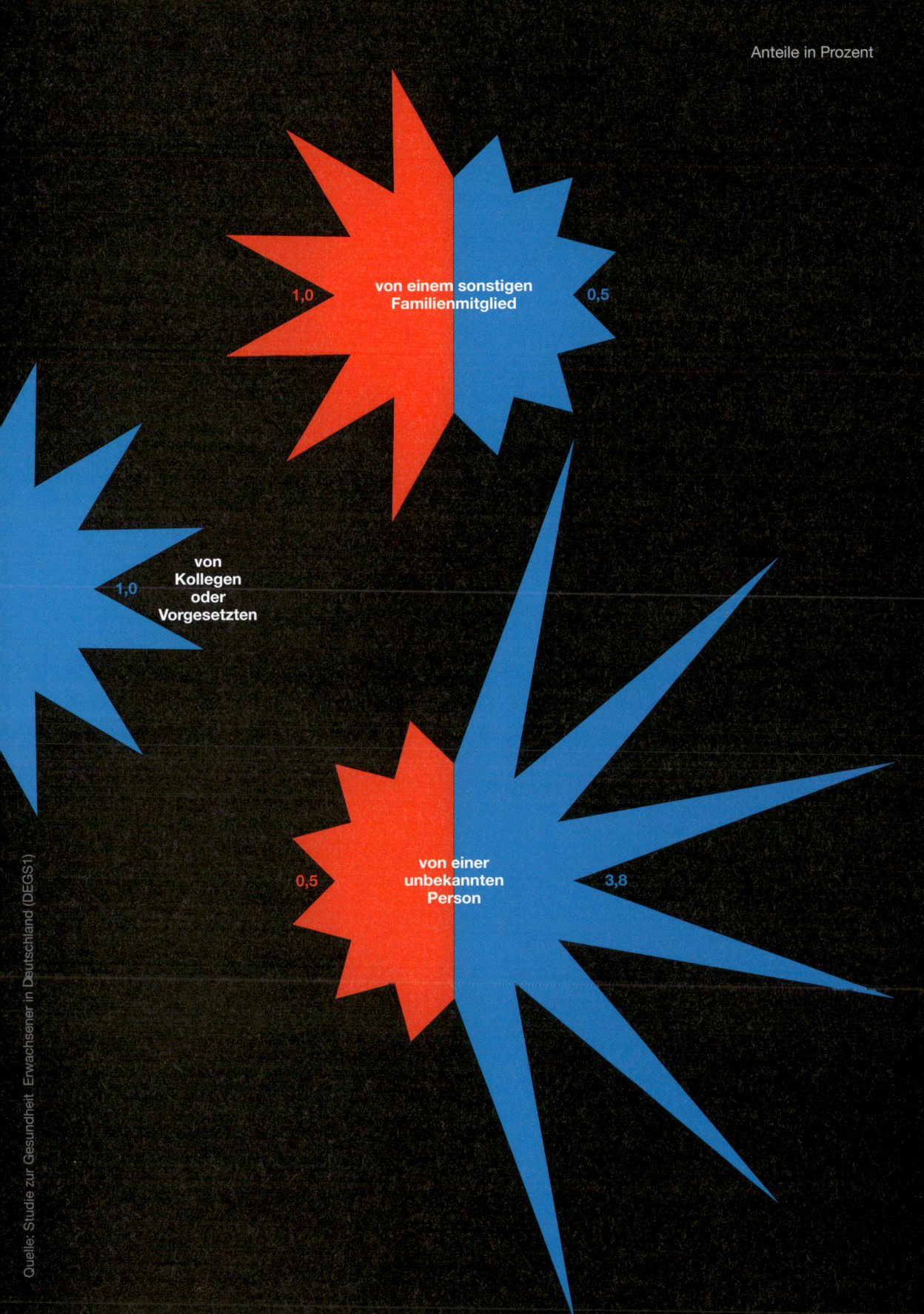

von einem sonstigen
Familienmitglied

1,0

0,5

von
Kollegen
oder
Vorgesetzten

1,0

von einer
unbekannten
Person

0,5

3,8

Quelle: Studie zur Gesundheit Erwachsener in Deutschland (DEGS1)

WER MACHT WAS?

**Wie viele Minuten bringen Männer und Frauen womit im Alltag zu –
wenn beide berufstätig sind und Kinder haben?**

Frauen

Essen
zubereiten

Putzen und
saugen

Männer

Einkaufen und Haushaltsplanung

Handwerkliche Tätigkeiten

Sich um Wäsche, Pflanzen und Tiere kümmern

Quelle: Statistisches Bundesamt

TODESURSACHEN

Woran sterben Frauen und Männer am häufigsten – je nach Altersgruppe?

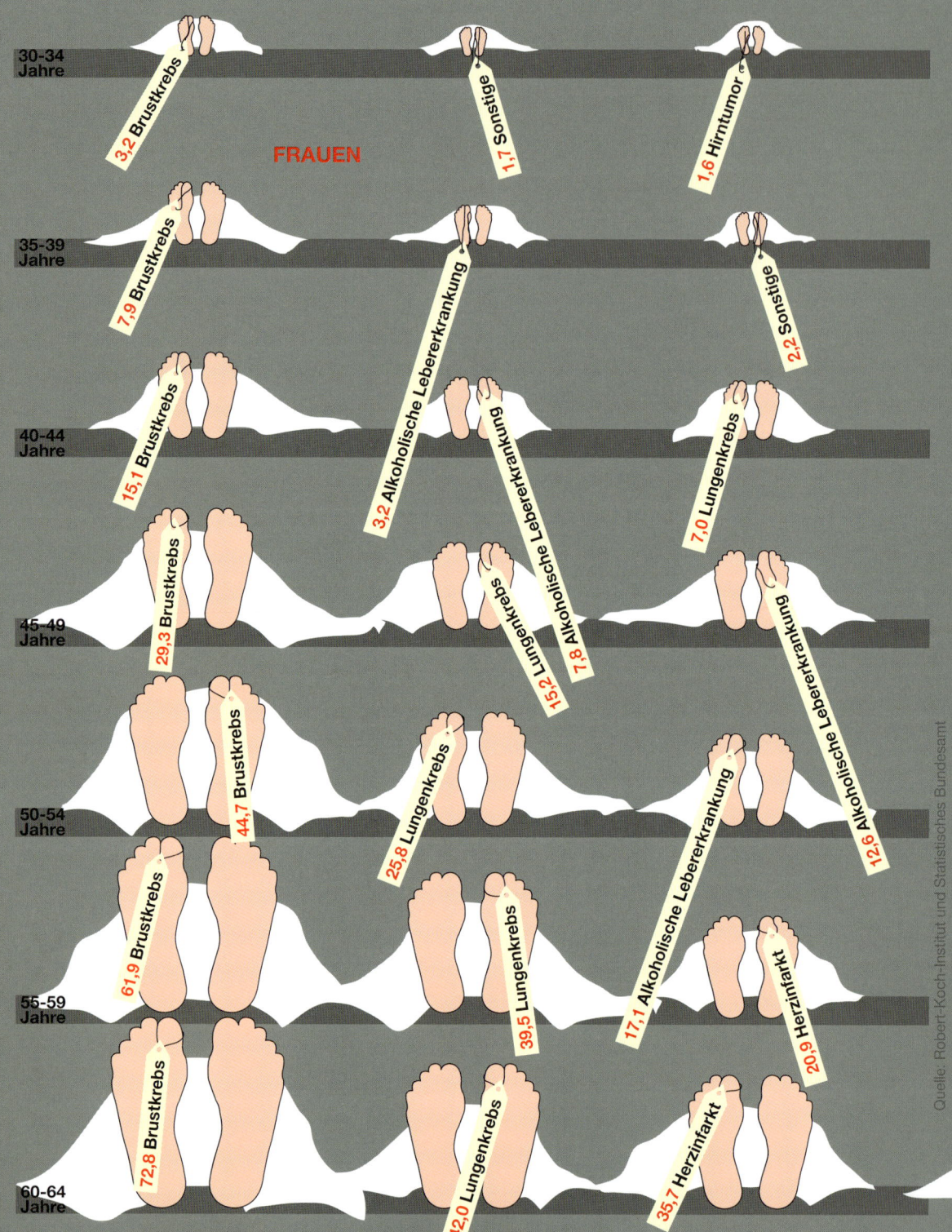

FRAUEN

30-34 Jahre

3,2 Brustkrebs

1,7 Sonstige

1,6 Hirntumor

35-39 Jahre

7,9 Brustkrebs

Alkoholische Lebererkrankung

2,2 Sonstige

40-44 Jahre

15,1 Brustkrebs

3,2 Alkoholische Lebererkrankung

7,0 Lungenkrebs

45-49 Jahre

29,3 Brustkrebs

15,2 Lungenkrebs

7,8 Alkoholische

Alkoholische Lebererkrankung

50-54 Jahre

44,7 Brustkrebs

25,8 Lungenkrebs

12,6 Alkoholische Lebererkrankung

55-59 Jahre

61,9 Brustkrebs

39,5 Lungenkrebs

17,1 Alkoholische Lebererkrankung

20,9 Herzinfarkt

60-64 Jahre

72,8 Brustkrebs

42,0 Lungenkrebs

35,7 Herzinfarkt

Quelle: Robert-Koch-Institut und Statistisches Bundesamt

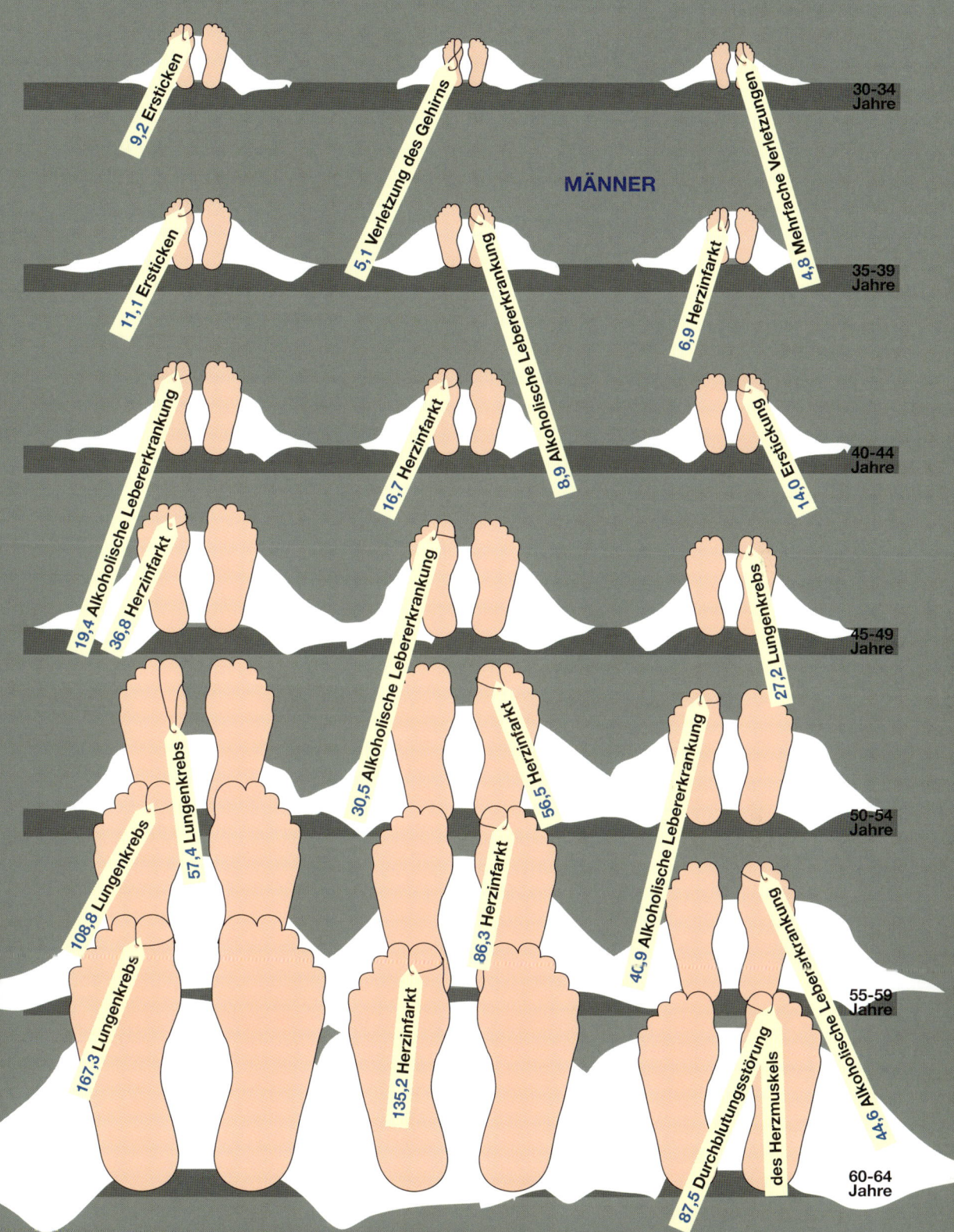

MÄNNER

30-34 Jahre — 9,2 Ersticken

35-39 Jahre — 11,1 Ersticken · 5,1 Verletzung des Gehirns · 6,9 Herzinfarkt · 4,8 Mehrfache Verletzungen

40-44 Jahre — 8,9 Alkoholische Lebererkrankung · 16,7 Herzinfarkt · 14,0 Erstickung

45-49 Jahre — 19,4 Alkoholische Lebererkrankung · 36,8 Herzinfarkt · 27,2 Lungenkrebs

50-54 Jahre — 57,4 Lungenkrebs · 30,5 Alkoholische Lebererkrankung · 56,5 Herzinfarkt · 40,9 Alkoholische Lebererkrankung

55-59 Jahre — 108,8 Lungenkrebs · 86,3 Herzinfarkt · 44,6 Alkoholische Lebererkrankung

60-64 Jahre — 167,3 Lungenkrebs · 135,2 Herzinfarkt · 87,5 Durchblutungsstörung des Herzmuskels

Anzahl der Todesopfer pro 100 000 Einwohner

WEIBLICHE REGIERUNGSZEIT

Wie viele Jahre lang wurden die Staaten der Welt von Frauen regiert?

19 Island

21 Irland

12 Großbritannien

10 Norwegen

12 Finnland

8 Lettland

3 Litauen

2 Dänemark

1 Frankreich

8 Deutschland

1 Polen

2 Slowakei

3 Ukraine

4 Schweiz

1 Moldawien

2 Kroatien

5 Malta

3 Türkei

7 Nicaragua

3 Costa Rica

3 Jamaika

5 Panama

6 Barbados

3 Trinidad und Tobago

2 Guyana

2 Senegal

1 Mali

2 Brasilien

1 Peru

1 Bolivien

4 Chile

7 Argentinien

Quelle: Global Gender Gap Report 2012 und eigene Recherche (für 2013)

Gezählt wurde seit 1962, also seit 51 Jahren. Eine »0« bedeutet also 51 männliche Regierungsjahre.
Untersucht sind jeweils die Regierungschefs, nicht die Staatsoberhäupter.
In Frankreich z. B. der Premierminister und nicht der Präsident

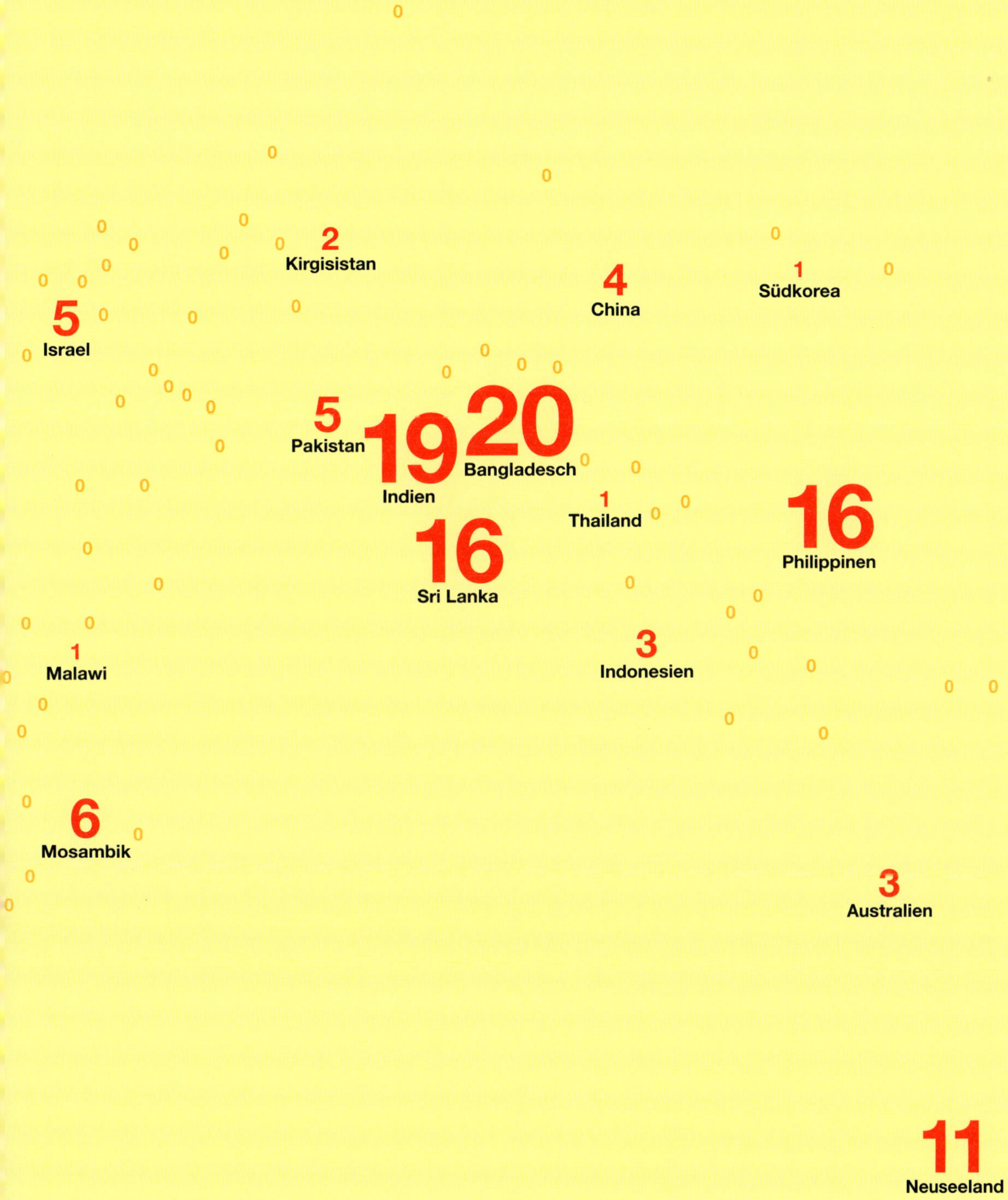

5 Israel

2 Kirgisistan

4 China

1 Südkorea

5 Pakistan

19 Indien

20 Bangladesch

1 Thailand

16 Philippinen

16 Sri Lanka

3 Indonesien

1 Malawi

6 Mosambik

3 Australien

11 Neuseeland

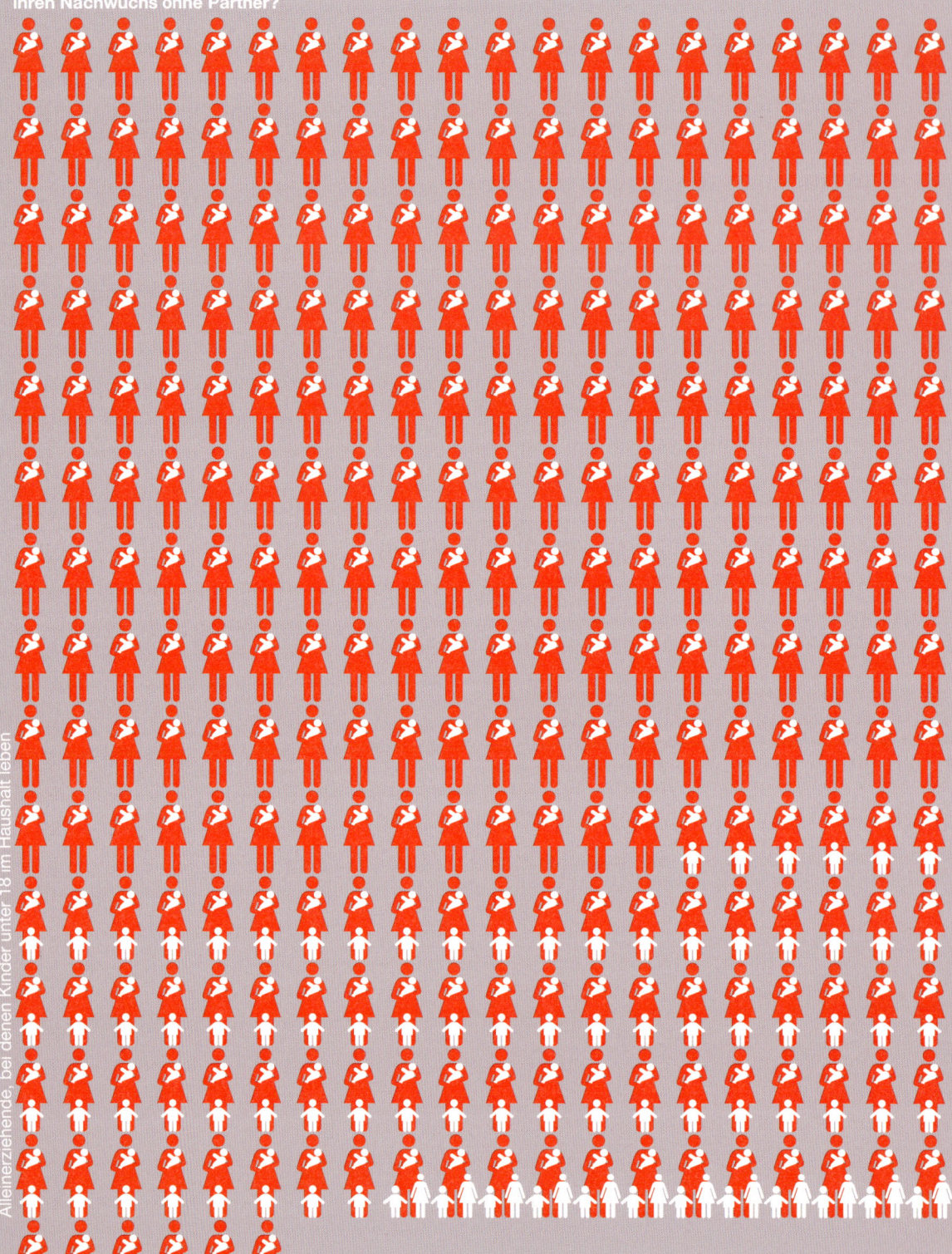

ALLEINERZIEHEND

Wie viele Frauen und Männer erziehen ihren Nachwuchs ohne Partner?

MÜTTER

Alleinerziehende, bei denen Kinder unter 18 im Haushalt leben

VÄTER

Ein Symbol entspricht jeweils
5000 Alleinerziehenden

mit einem
Kind

mit zwei
Kindern

mit drei und
mehr Kindern

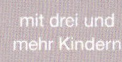

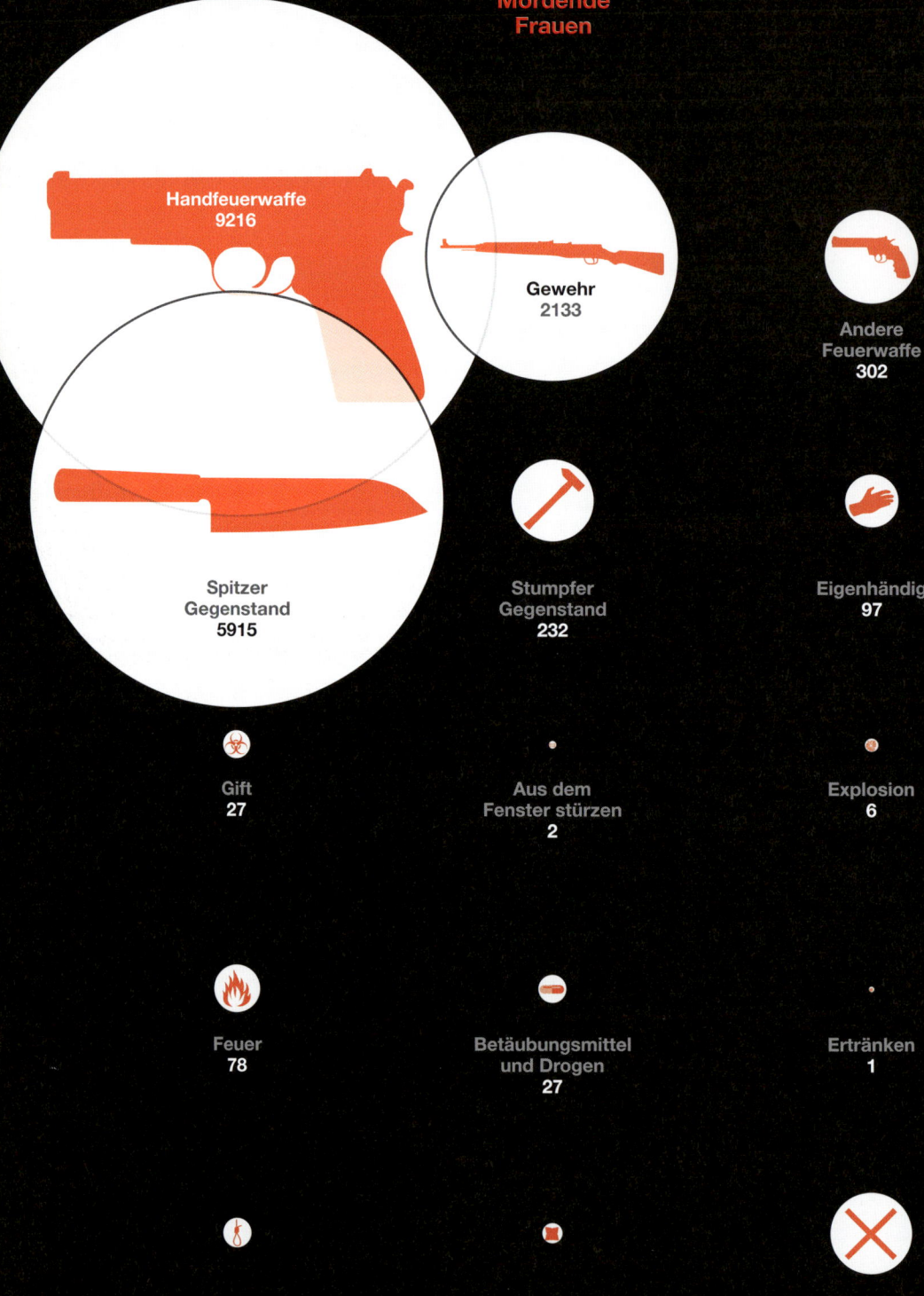

MORDWERKZEUGE

**Wenn Partner sich gegenseitig umbringen –
welche Waffen benutzen sie dann?**

Mordende
Frauen

Handfeuerwaffe
9216

Gewehr
2133

Andere
Feuerwaffe
302

Spitzer
Gegenstand
5915

Stumpfer
Gegenstand
232

Eigenhändig
97

Gift
27

Aus dem
Fenster stürzen
2

Explosion
6

Feuer
78

Betäubungsmittel
und Drogen
27

Ertränken
1

Strangulieren
30

Ersticken
14

Unbekannt
229

Absolute Zahl der Mordfälle
zwischen Männern und Frauen,
die eine Beziehung hatten, in den
USA zwischen 1979 und 2002

**Mordende
Männer**

Handfeuerwaffe
15018

Gewehr
5048

Andere
Feuerwaffe
638

Spitzer
Gegenstand
4934

Stumpfer
Gegenstand
1464

Eigenhändig
2695

Gift
40

Aus dem
Fenster stürzen
25

Explosion
8

Feuer
196

Betäubungsmittel
und Drogen
74

Ertränken
50

Strangulieren
842

Ersticken
210

Unbekannt
728

Quelle: Krystal D. Mize, Todd K. Shackelford, Viviana A. Shackelford: »Hands-on Killing of Intimate Partners as a Function of Sex and Relationship Status/State«, 2009

BEGEHRTE KÖRPERGRÖSSEN

**Wie oft bekommen Mitglieder im Online-Dating ungefragt Post –
je nach Körpergröße, die sie dort angeben?**

Körpergröße
in cm

Anzahl der unverlangten Mails pro Woche

Körpergröße	Anzahl der unverlangten Mails pro Woche
195	1,8
190	2,3
185	2,9
180	3,4
175	3,5
170	3,5
165	3,6
160	3,7
155	3,7
150	3,6

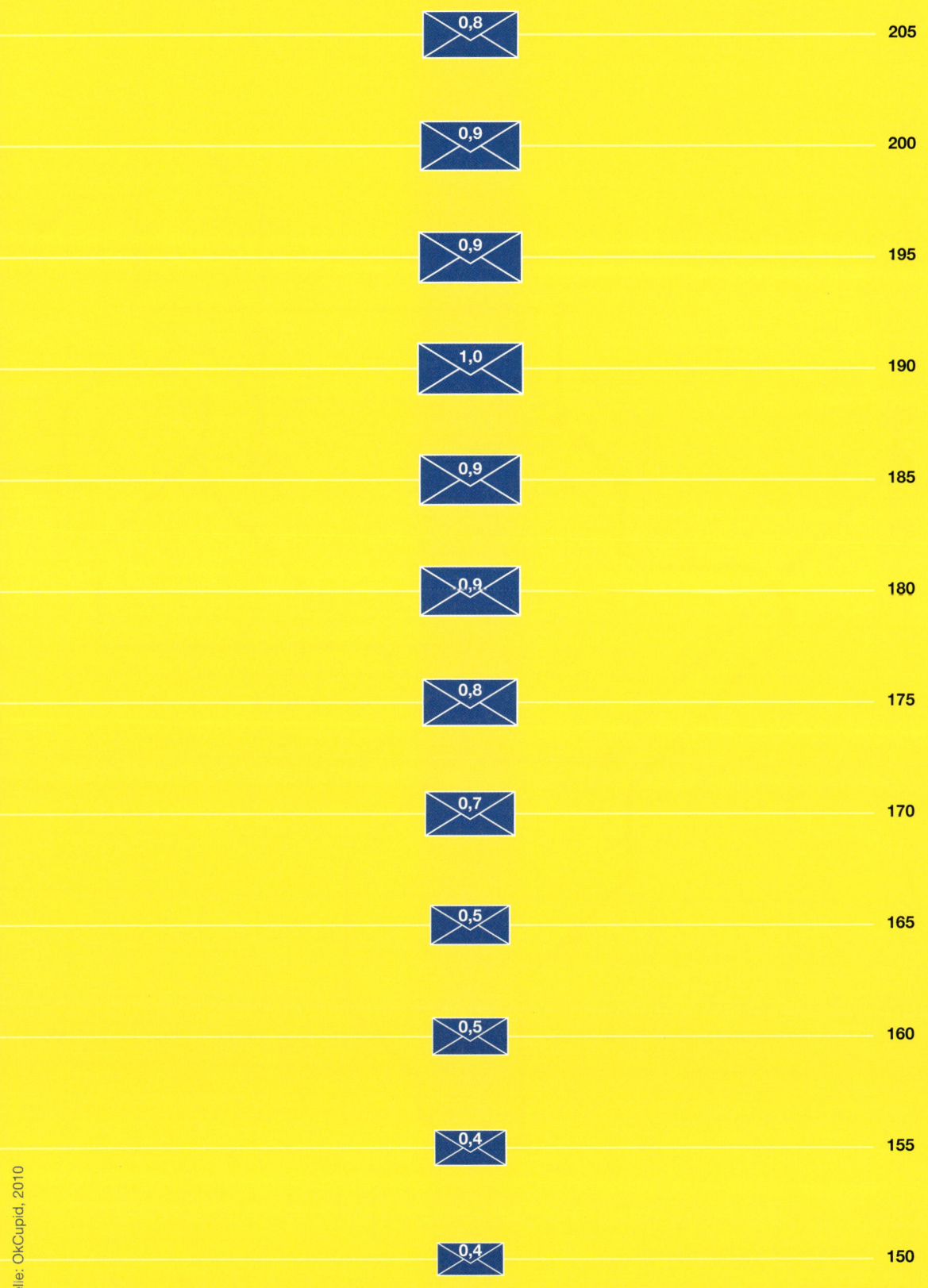

U-BAHN-STIMMEN
Wer sagt die Stationen an?

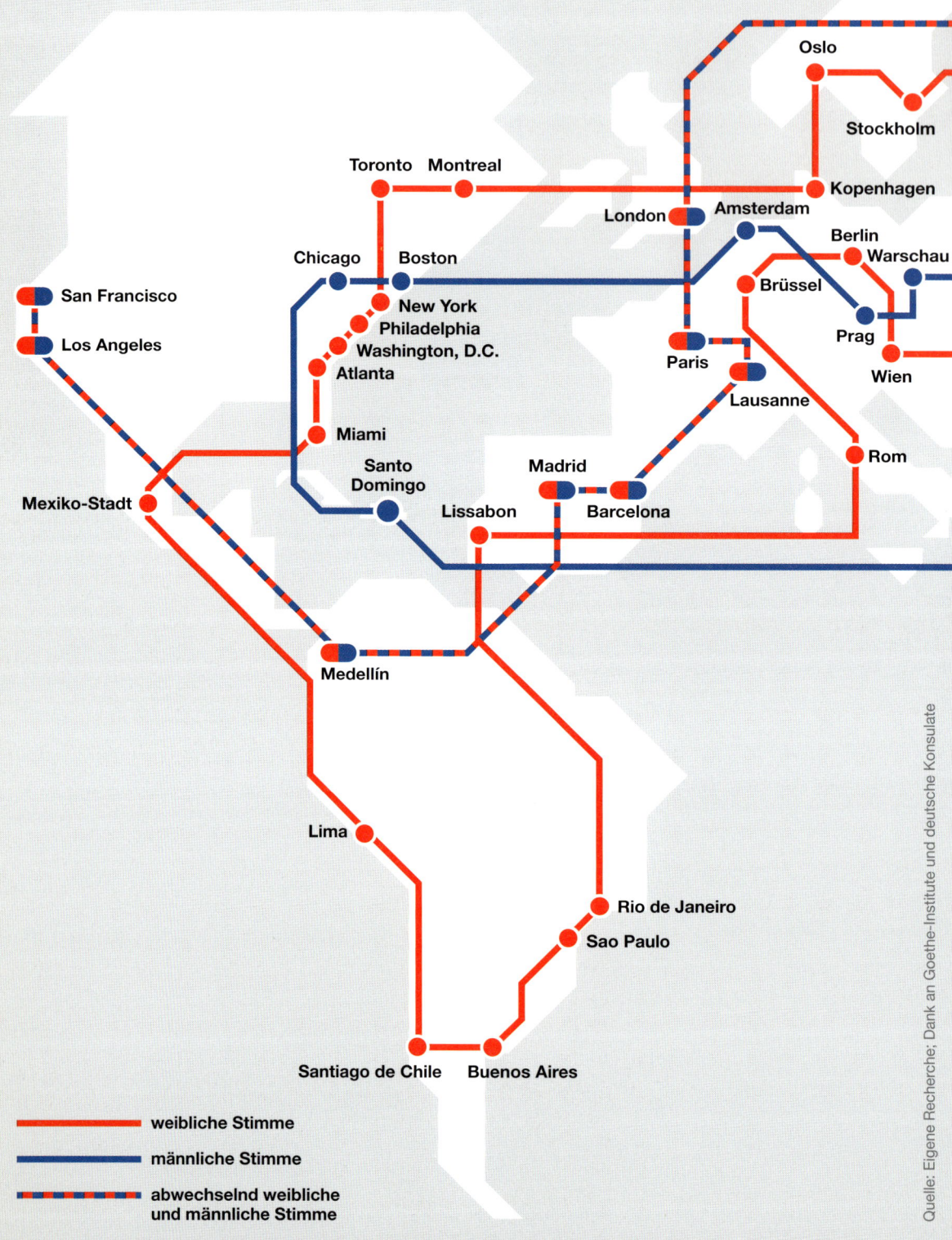

Oslo
Stockholm
Toronto Montreal
Kopenhagen
London Amsterdam
Berlin
Chicago Boston Warschau
San Francisco Brüssel
New York
Los Angeles Philadelphia Prag
Washington, D.C. Paris Wien
Atlanta Lausanne
Miami Rom
Santo Madrid
Mexiko-Stadt Domingo Lissabon Barcelona

Medellín

Lima
Rio de Janeiro
Sao Paulo

Santiago de Chile Buenos Aires

— weibliche Stimme
— männliche Stimme
– – abwechselnd weibliche
und männliche Stimme

Quelle: Eigene Recherche; Dank an Goethe-Institute und deutsche Konsulate

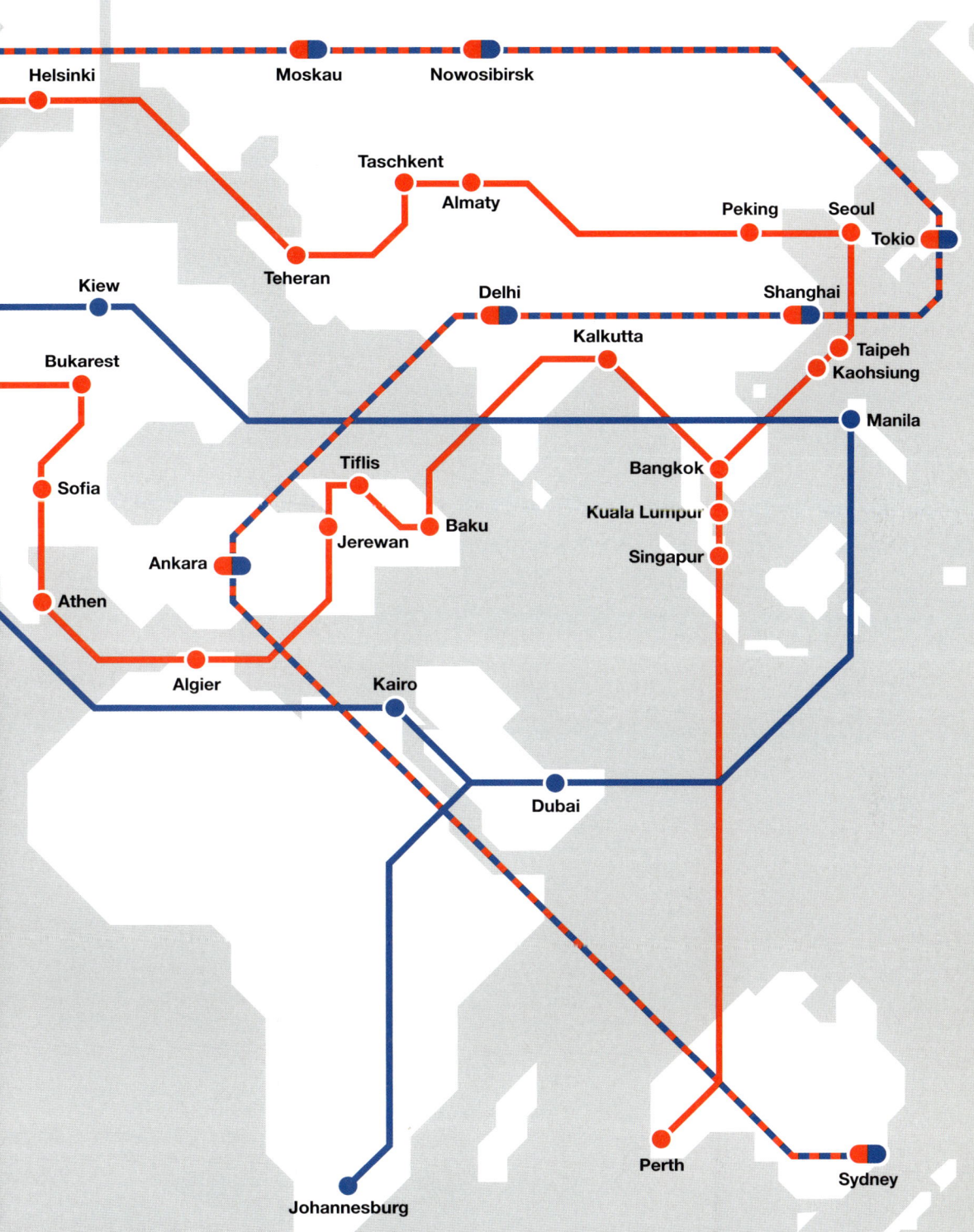

Helsinki · Moskau · Nowosibirsk · Taschkent · Almaty · Peking · Seoul · Tokio · Teheran · Kiew · Delhi · Shanghai · Kalkutta · Taipeh · Kaohsiung · Bukarest · Manila · Tiflis · Bangkok · Sofia · Jerewan · Baku · Kuala Lumpur · Ankara · Singapur · Athen · Algier · Kairo · Dubai · Perth · Sydney · Johannesburg

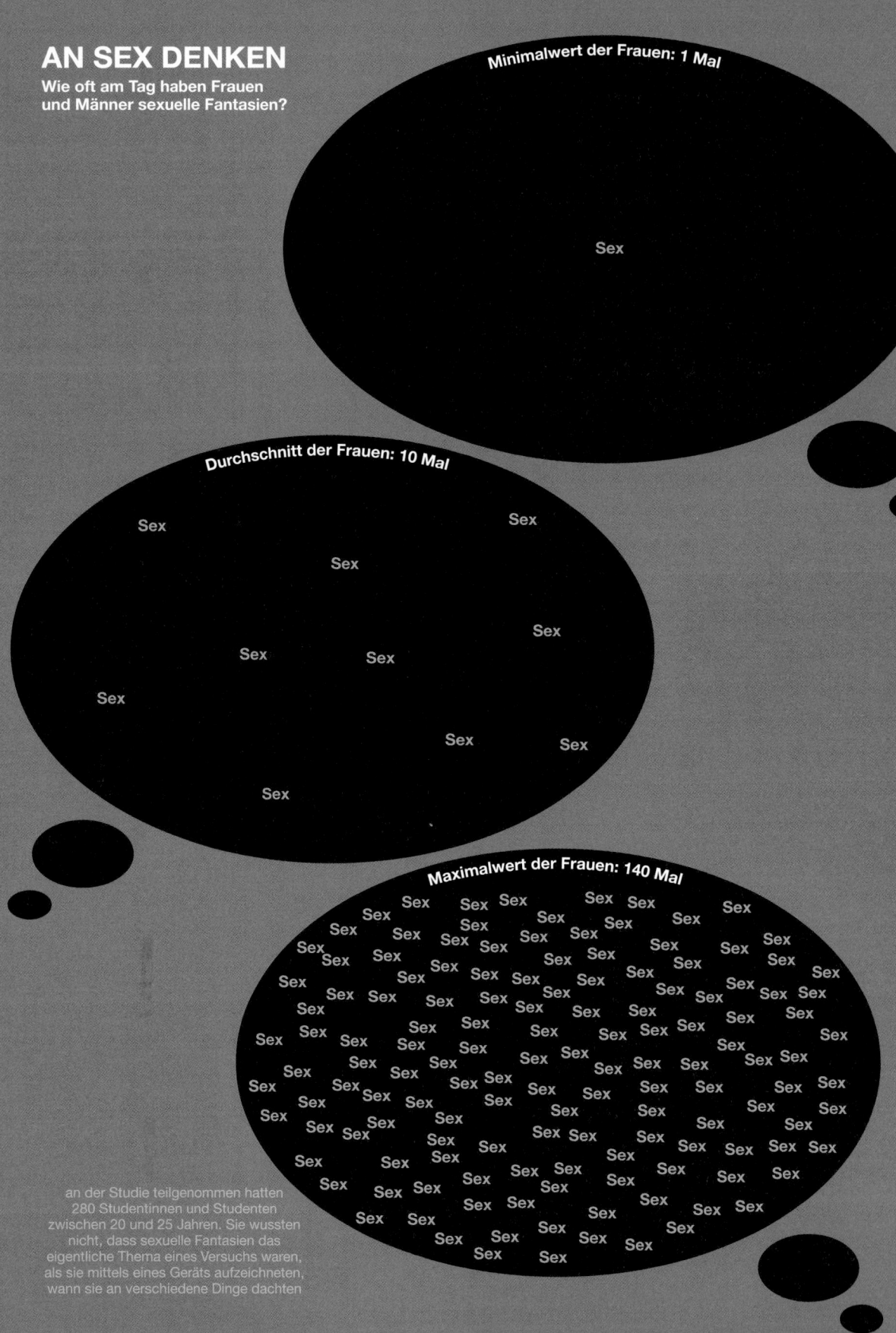

Quelle: The Ohio State University at Mansfield

DAS GESCHLECHT DER WÖRTER

Einige Begriffe und das Geschlecht, das sie in verschiedenen Sprachen haben

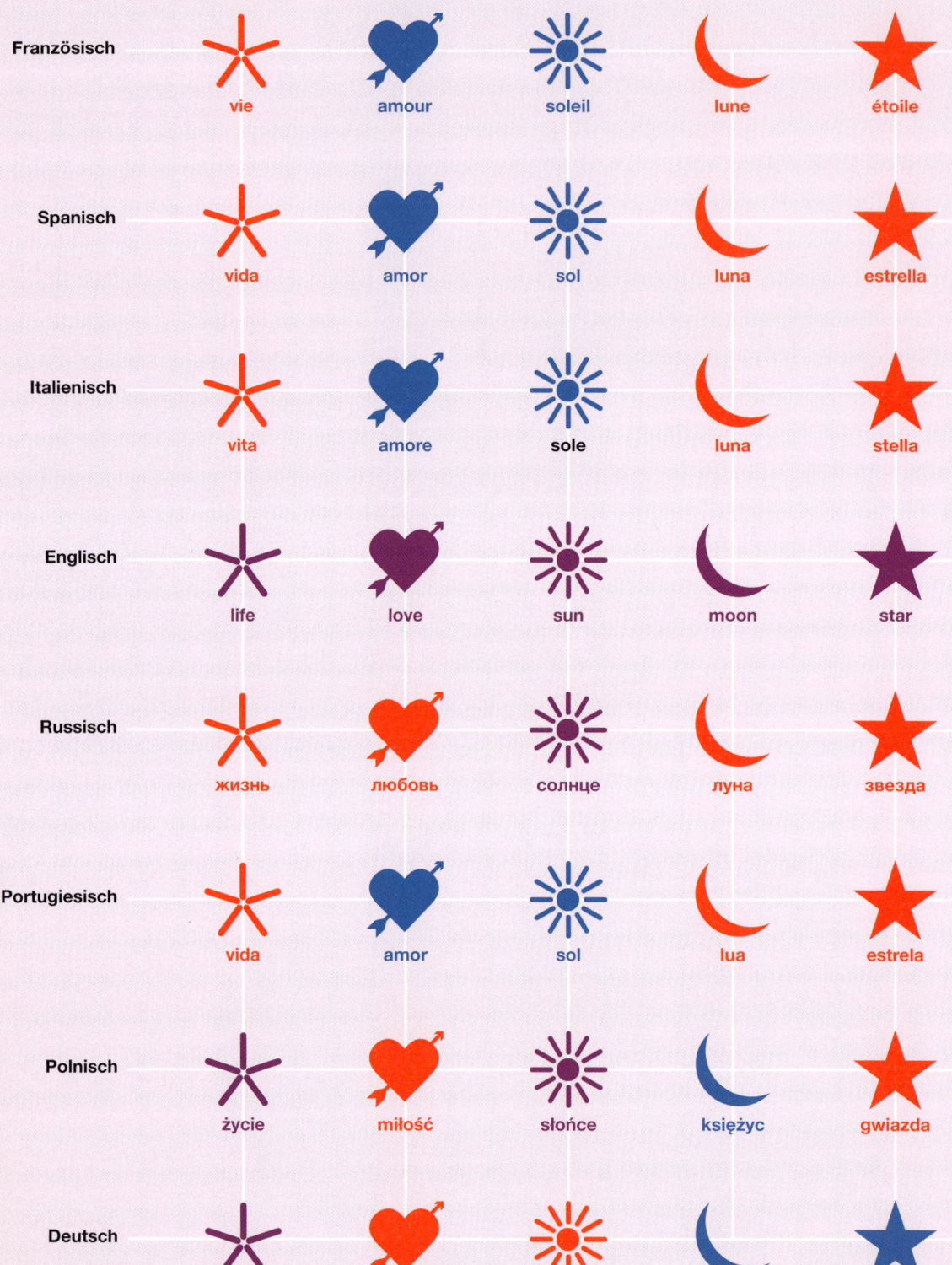

Angegeben ist jeweils der geläufigste Begriff in den Fremdsprachen

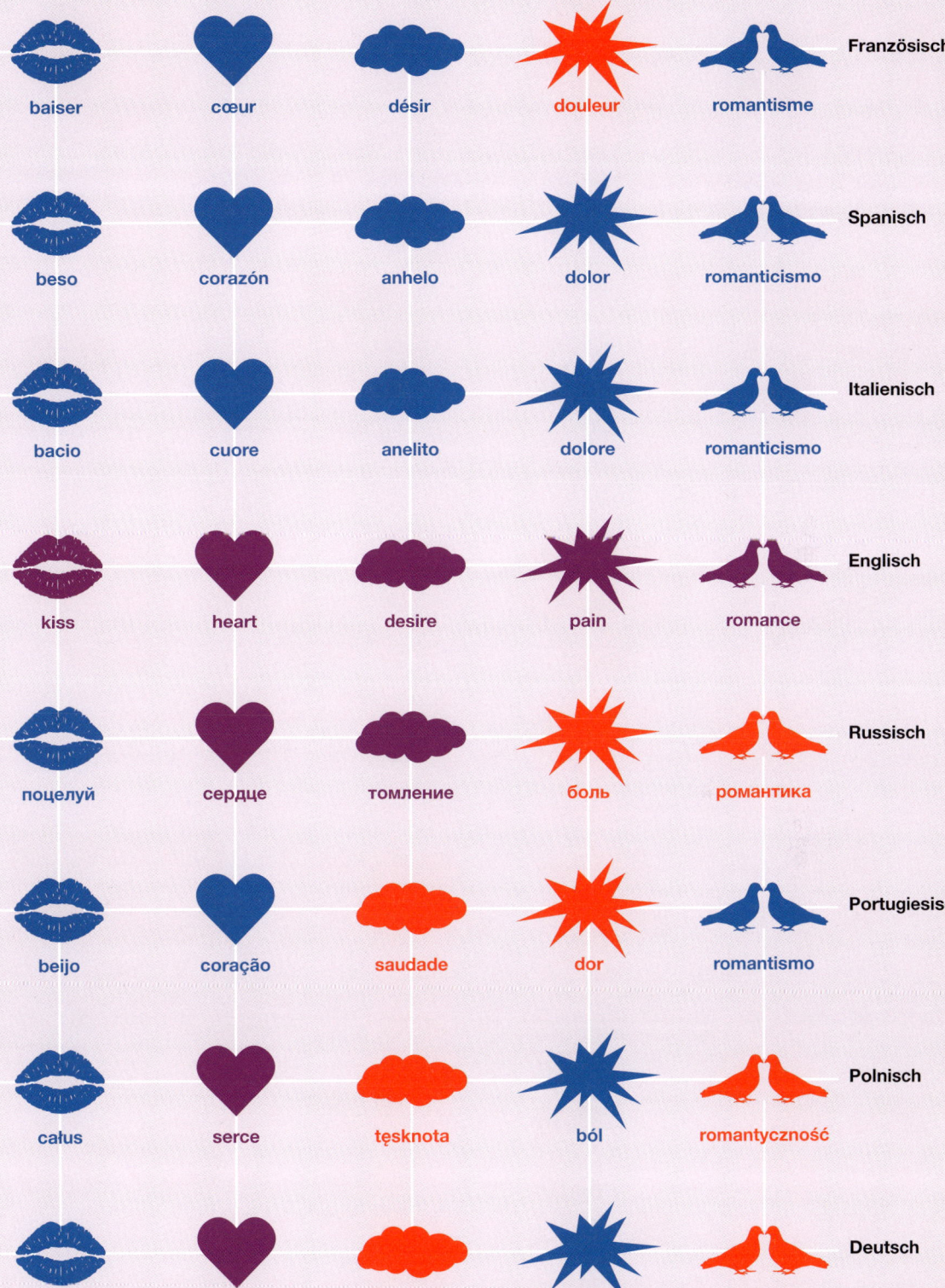

Rot: Femininum
Blau = Maskulinum
Lila: Neutrum

baiser	cœur	désir	douleur	romantisme	**Französisch**
beso	corazón	anhelo	dolor	romanticismo	**Spanisch**
bacio	cuore	anelito	dolore	romanticismo	**Italienisch**
kiss	heart	desire	pain	romance	**Englisch**
поцелуй	сердце	томление	боль	романтика	**Russisch**
beijo	coração	saudade	dor	romantismo	**Portugiesisch**
całus	serce	tęsknota	ból	romantyczność	**Polnisch**
Kuss	Herz	Sehnsucht	Schmerz	Romantik	**Deutsch**

Quelle: Eigene Recherche

ERFINDERINNEN UND ERFINDER

Wegweisende Erfindungen von Frauen und Männern

1. oder 2. Jh.
Maria die Jüdin
Bain-Marie
(Destillierapparat)

1843
Nancy Johnson
Eismaschine

1843
Ada Lovelace
Erstes
Computerprogramm

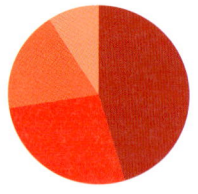

1858
Florence Nightingale
Tortendiagramm

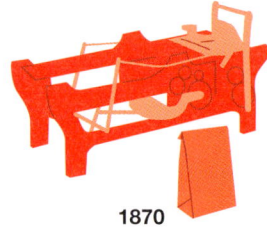

1870
Margaret E. Knight
Maschine zur Herstellung
von Papiertüten

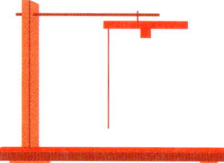

1882
Agnes Pockels
Schieberrinne

1886
Josephine Cochran
Geschirrspülmaschine

1893
Käthe Paulus
Zusammenlegbarer
Fallschirm

1903
Mary Anderson
Scheibenwischer

1908
Melitta Bentz
Kaffeefilter

1914
Mary Phelps Jacob
Moderner
Büstenhalter

1927
Dorothy Gerber
Vorgefertigte
Babynahrung

1934
Katharine Burr Blodgett
Nichtreflektierendes Glas

1942
**Hedy Lamarr
mit George Antheil**
Frequenzsprungverfahren
(Funkfernsteuerung für Torpedos)

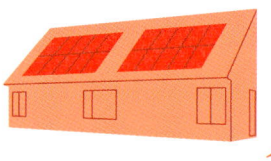

1948
**Eleanor Raymond und
Maria Telkes**
Solarhaus

1949
Herta Heuwer
Currywurst

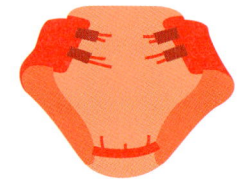

1951
Marion Donovan
Einwegwindel

1951
Bette Nesmith Graham
Korrekturflüssigkeit
(Liquid Paper)

1965
Stephanie Kwolek
Kevlar (Fasern für
schusssichere Westen)

1973
Marga Faulstich
Leichtgewichts-
Brillenglas

Quelle: Eigene Recherchen

Um 105 n. Chr.
Cai Lun
Papier

Um 1450
Johannes Gutenberg
Druckpresse
(moderner Buchdruck)

1657
Christiaan Huygens
Pendeluhr

1752
Benjamin Franklin
Blitzableiter

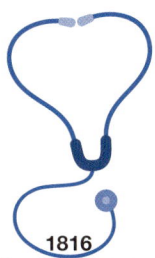

1816
René Laënnec
Stethoskop

1838
Samuel F. B. Morse
Elektromagnetischer
Schreibtelegraf

1839
Louis Daguerre
Daguerreotypie
(fotografisches Verfahren)

1841
Alexander Bain
Elektrische Uhr,
Fax (1842/43)

Um 1850
Charles Goodyear
Hartgummi

1867
Alfred Nobel
Dynamit

1876
Alexander Graham Bell
Telefon*

1879
Thomas Alva Edison
Glühlampe

1885
Carl Friedrich Benz
Automobil

1887
Emil Berliner
Grammophon und Schallplatte

1892
Rudolf Diesel
Dieselmotor

1895
Wilhelm Conrad Röntgen
Röntgenbild

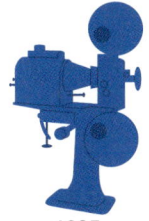

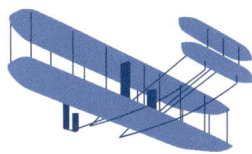

1895
**Auguste und
Louis Lumière**
Kinematograph

1900
Ferdinand von Zeppelin
Zeppelin

1903
Wilbur und Orville Wright
Motorflugzeug

1941
Konrad Zuse
Programmierbarer
Computer

*Er gilt als der erste Mensch, der aus der Erfindung des Telefons Kapital geschlagen hat, indem er Ideen seiner Vorgänger zur Marktreife weiterentwickelte.

DANK AN:

Nina Bengtson
Layout

Isabel Canet
moralische Unterstützung

Katrin Cürük
moralische Unterstützung

Verena Jaekel
Foto

Friederike Milbradt
Recherche

Lisa Strunz
Recherche

Birgit Vogel
Vorarbeit Illustrationen

QUELLEN

1. BERUFE: Statistisches Bundesamt, 2: DIE GRÖSSTEN SCHNARCHER: Maurice M. Ohayon, Christian Guilleminault, Robert G. Priest, Malijai Caulet: »Snoring and breathing pauses during sleep (...)«, 3: SCHUHE: Eigene Recherche, 4. BEKANNTE LESBEN UND SCHWULE: Eigene Recherche. Dank an den LSVD-Bundesverband, 5. FAMILIENNAMEN: Standesämter, 6. WER BESITZT WAS?: Statistisches Bundesamt, 7. VIELEHE: Vereinte Nationen (Männer) und eigene Recherche (Frauen), 8. HAUSFRAUEN UND HAUSMÄNNER: Statistisches Bundesamt, Frauen und Männer in verschiedenen Lebensphasen, 2010 (Zahlenwerte von 2008), 9. GLÜCK UND ZEIT: »Sexual Satisfaction and Relationship Happiness in Midlife and Older Couples in Five Countries«, Julia R. Heiman et al., 2009, 10. HAARFÄRBEMITTEL: Eigene Recherche, 11. PHOBIEN: Mats Fredrikson u. a: »Gender and age differences in the prevalence of specific fears and phobias«, 12. SCHIMPFWÖRTER: Eigene Recherche, 13. BUNDESTAGSWAHLEN: Bundeswahlleiter, 14. METHODEN DER VERHÜTUNG: Pro Familia, 15. WORTEN-DUNGEN: Eigene Recherche, 16. SEXIEST MEN & WOMEN: People Magazine, FHM und eigene Recherche, 17. HAUSTIERE: Zentralverband Zoologischer Fachbetriebe Deutschlands e. V., 18. DAX-UNTERNEHMEN: Eigene Recherche, 19. CHÖRE: Deutscher Chorverband e. V., 20. MORDE IN DER PARTNERSCHAFT: Bundeskriminalamt, 21. UNTERHOSEN: Statistisches Bundesamt, 22. AKADEMISCHE KARRIEREN: GESIS – Leibniz-Institut für Sozialwissenschaften (mit Statistischem Bundesamt und Gemeinsamer Wissenschaftskonferenz), 23. WASCHMITTELWERBUNG: Eigene Recherche, 24. LEISTUNGSKURSE: Kultusministerkonferenz, 25. WER PFLEGT DIE VERWANDTEN?: BARMER GEK Pflegereport 2012, 26. PARFUMS: Eigene Recherche, 27. LIEBLINGSBÜCHER: Stiftung Lesen: »Lesen in Deutschland 2008«, eine Umfrage unter 1897 Erwachsenen. Eigene Berechnung, 28. ONLINE-LÜGEN: Doreen Zillmann, Andreas Schmitz und Hans-Peter Blossfeld: »Lügner haben kurze Beine. Zum Zusammenhang unwahrer Selbstdarstellung und partnerschaftlicher Chancen im Online-Dating«, 2011, 29. KOPFTÜCHER UND SCHLEIER: Eigene Recherche, 30. DAS HIT-VOKABULAR: Eigene Recherche, 31. BILDUNGSUNTERSCHIEDE: Statistisches Bundesamt, 32. URLAUBSZIELE: Forschungsgemeinschaft Urlaub und Reisen, Reiseanalyse, 33. KINDERFERNSEHEN: Medienanalyse Diversity im deutschen Kinderfernsehen, IZI 2011, 34. AUSZEICHNUNGEN UND PREISE: Eigene Recherche, 35. TABLETTENKONSUM: Robert Koch-Institut/ BGS98, 36. »STARKE FRAUEN«, »STARKE MÄNNER«: G+J Pressedatenbank, eigene

Auswertung, 37. WIE LANGE DAUERT'S IM BAD?: OECD, 38. NETZGEMEINSCHAFTEN: Eigene Recherche, 39. KEIN SEX: NSSHB 2010, 40. TÄGLICHE RATIONEN: Max-Rubner-Institut, Nationale Verzehrsstudie II, 41. LEBENSERWARTUNG: Vereinte Nationen, 42. IN HAFT: Statistisches Bundesamt, 43. *MANN UND *FRAU: Wortschatzdatenbank der Universität Leipzig, eigene Auswertung, 44. WUNSCHFAMILIE: Dorbritz, Lengerer, Ruckdeschel: »Einstellungen zu demographischen Trends und zu bevölkerungsrelevanten Politiken«, 2005 und eigene Berechnung, 45. WIE LERNT MAN SICH KENNEN?: Andreas Schmitz, Susann Sachse-Thürer, Doreen Zillmann, Hans-Peter Blossfeld: »Myths and facts about online mate choice Contemporary beliefs and empirical findings«, 2011, 46. DAS GESCHLECHT DER PLANETEN: Eigene Recherche, 47. KÜNSTLERPAARE: Artprice.com und eigene Berechnung, 48. TELEFONIERDAUER: CELLA-Studie, 49. BALLGRÖSSEN: DFB, DHB, DBB, DVV, DLV, ITF, DWB, ISF, DBV, 50. DAS SELBSTBILD: Robert Koch-Institut/KiGGS, 51. NAMEN FÜR GESCHLECHTSTEILE: Eigene Recherche, 52. WER REICHT DIE SCHEIDUNG EIN?: Statistisches Bundesamt, 53. SEXTOURISMUS: Eigene Recherche, 54. DIE DEUTSCHE BEVÖLKERUNG: Zensus 2011, 55. UNFRUCHTBARKEIT: Human Fertilisation and Embryology Authority, 56. DIE MACHT DER SCHÖNHEIT: Marcel Zentner und Klaudia Mitura: »Stepping Out of the Caveman's Shadow: Nations' Gender Gap Predicts Degree of Sex Differentiation in Mate Preferences«, 2012, 57. TRINKVERHALTEN: Max-Rubner-Institut/ Nationale Verzehrsstudie II, 58. FRAUEN IM VORSTAND: catalyst.org, 59. KRANKHEITEN: Robert Koch-Institut, BGS 98, 60. WITWEN UND WITWER: Statistisches Bundesamt, 61. BINATIONALE EHEN: Statistisches Bundesamt, Internationaler Währungsfond, 62. GEWALTOP-FER: Studie zur Gesundheit Erwachsener in Deutschland (DEGS1), 63. WER MACHT WAS?: Statistisches Bundesamt, 64. TODESURSACHEN: Robert Koch-Institut und Statistisches Bundesamt, 65. WEIBLICHE REGIERUNGS-ZEIT: Global Gender Gap Report 2012 und eigene Recherche (für 2013), 66. ALLEINERZIEHEND: Statistisches Bundesamt, 67. MORDWERKZEUGE: Krystal D. Mize, Todd K. Shackelford, Viviana A. Shackelford: »Hands-on Killing of Intimate Partners as a Function of Sex and Relationship Status/State«, 2009, 68. BEGEHRTE KÖRPER-GRÖSSEN: OkCupid, 2010, 69. U-BAHN-STIMMEN: Eigene Recherche. Dank an Goethe-Institute und deutsche Konsulate, 70. AN SEX DENKEN: The Ohio State University at Mansfield, 71. DAS GESCHLECHT DER WÖRTER, Eigene Recherche, 72. ERFINDERINNEN UND ERFINDER, Eigene Recherche

Matthias Stolz, Ole Häntzschel

Stolz' und Häntzschels Welt der Informationen

105 Grafiken, die einfach alles erklären

Welche Farben haben Spülmaschinen-Tabs? Welches Wort fällt am häufigsten in Filmen? Wie ungesund sind welche Schokoriegel? Wie heißen die Tierlaute in anderen Sprachen?
Matthias Stolz und Ole Häntzschel haben ungewöhnliche statistische Daten und Fakten zusammengestellt und in kreativen Infografiken aufbereitet – denn Wissen kann auch schön verpackt sein.

Matthias Stolz, Jörg Block

Deutschlandkarte

102 neue Wahrheiten

Warum in Bayern gerne Lotto gespielt wird und in Meck-
lenburg-Vorpommern besonders viele dicke Männer leben. Wo sich die meisten Wildschweine suhlen und die
Menschen am ehesten Gelegenheit haben, ihre Lange-
weile in Spielhallen zu bekämpfen. Weshalb Magdeburg
ein gefährliches Pflaster ist und man in Freiburg besonders gesund leben kann.
Die preisgekrönten Karten aus dem ZEITmagazin bieten
unterhaltsame, spannende, lustige und immer wieder
unerwartete Einblicke in ein Land, das wir so gut zu kennen meinen.

Besuchen Sie uns im Internet:
www.knaur.de